btb
Aus Freude am Lesen

btb

Buch

Mit seinem neuen Buch »Der Fenstersturz« führt Vollblutschauspieler Mario Adorf hinter die Kulissen von Bühne und Film. Adorf kann aus einem reichhaltigen Fundus schöpfen, blickt er doch auf über vierzig höchst erfolgreiche Jahre in Theater und Film zurück: Stars und Sternchen, Regisseure und Intendanten, Charakterdarsteller und Komparsen, von allen weiß Adorf zu erzählen.
Von Romy Schneider etwa und Alain Delon, bei denen an einem römischen Sommerabend mal wieder der Haussegen schief hing, oder von Klaus Kinski, dessen Freundschaft zu Mario Adorf die seltsamsten Bahnen durchlief. Der große Theaterregisseur Fritz Kortner knechtete den jungen Schauspieler Adorf auf unnachahmliche Weise, und Klaus Jürgen Wussow erlebte etwas in einem Wirtshaus im Spessart, was ihm kein Leser Glauben wird. Doch nicht nur Prominente sind die Protagonisten dieser »merkwürdigen Geschichten«, die Mario Adorf mit viel Charme und Witz erzählt, sondern auch ein Garderobier, unbekannte Nachbarn oder dubiose italienische Produzenten, die die Gagen ihrer Schauspieler verspielen...
Einmal mehr beweist Mario Adorf mit diesen amüsanten Geschichten, daß er nicht nur ein großartiger Schauspieler ist, sondern auch ein wunderbarer Erzähler, der die Leser mühelos in seinen Bann zieht.

Autor

Mario Adorf, geboren 1930 in Zürich, Kindheit und Jugend in Mayen in der Eifel, studierte Philologie und Theater-Wissenschaften. 1953-55 Otto-Falckenberg-Schule in München, bis 1962 an den Münchner Kammerspielen. Theater- und Filmschauspieler. Seitdem mehr als 150 Filme in In- und Ausland und Arbeit am Theater.

Mario Adorf bei btb

Der Dieb von Trastevere (72038)
Der Mäusetöter. Unrühmliche Geschichten (72111)

Mario Adorf

Der Fenstersturz

Merkwürdige Geschichten

btb

Umwelthinweis:
Alle bedruckten Materialien dieses Taschenbuches
sind chlorfrei und umweltschonend.

btb Taschenbücher erscheinen im Goldmann Verlag,
einem Unternehmen der Verlagsgruppe Bertelsmann.

2. Auflage
Genehmigte Taschenbuchausgabe Dezember 1999

Umschlaggestaltung: Design Team München
Umschlagfoto: Margot Hammerschmidt
Satz: IBV Satz- und Datentechnik GmbH, Berlin
KR · Herstellung: Augustin Wiesbeck
Made in Germany
ISBN 3-442-72222-5

FÜR MONIQUE

Inhalt

Vorwort ... 9

Romy a Roma, Amor Amaro ... 13
Ein Mann spielt um sein Leben ... 23
Der schwarze Prinz ... 39
Der Garderobier ... 51
Der Hut ... 55
Friedrich der Große ... 61
Das Wirtshaus im Spessart ... 69
Magie ... 79
Der Commendatore ... 83
Der V-Effekt ... 91
Die Geschichte vom O ... 95
Der Virtuose ... 107
Der Fenstersturz ... 113
Falsch verbunden! ... 125
Persona non grata ... 133
Armdrücken ... 149
Der Ausreißer ... 155

Largo al Factotum........................... 159
Der Paparazzo............................... 169
Ich habe Angst.............................. 173
Das Orakel.................................. 179

Vorwort

Auf der Suche nach einem Vorwort kommt mir ein merkwürdiges Erlebnis zu Hilfe. Ich schreibe diese Zeilen nämlich in einem kleinen Dorf nördlich vom Polarkreis im schwedischen Lappland. Nach einer waghalsigen Rutschfahrt von der Erzgrubenstadt Kiruna über schneebedeckte Straßen kam ich gestern zu dem kleinen Ort Jukkasjärvi, einem Marktflecken, an dem die Lappen der Gegend auf ihren Rentierschlitten einmal im Monat zusammenkommen und ihren kleinen Handel treiben. Für die anderen Besucher, meist Touristen, gibt es dort ein Hotel, das EISHOTEL. Der Name erstaunt einen erst einmal wenig in dieser eisigen Gegend, aber dann ist man doch überrascht: Buchstäblich alles an und in diesem Hotel ist aus Eis, nicht nur die Mauern und Gewölbe, sondern auch die Betten, die Tische und die Stühle.

Draußen im Hof gibt es riesige, denkmalartige glasgrüne Figuren, wie gläserne Obelisken, in der

Hotelhalle und in den Fluren Eisplastiken, klar wie aus reinstem Kristall, die von Lalique sein könnten. Da ist eine veritable Kirche mit Bänken und einem Altar aus Eis mit einem großen Kruzifix darüber, ein besonders eindrucksvolles Kunstwerk – aus Eis. Nur ein Kronleuchter, auch der aus Eis, hält der Wärme der winzigen Glühbirnen nicht stand und schmilzt, langsam tropfend, vor sich hin.

Dieses Hotel ist aber nicht etwa eine Spielerei, eine Touristenattraktion, zumindest nicht nur. Man kann wirklich darin wohnen und schlafen, in einem Schlafsack natürlich und auf einem Stapel von Rentierfellen. Die Bar ist naturgemäß der wichtigste Platz im Hotel mit einem enormen Wodkaumsatz. Da auch die massiven Gläser aus Eis sind, trinkt man Wodka nicht »*on* the rocks« sondern »*in* the rocks«! – Das Eis der Wände glitzert im Kerzenschein, man glaubt sich in der phantastischen Dekoration eines Märchenfilms. –

Spätestens Mitte Mai jedoch wird das Hotel nicht mehr sein. Dann beginnt der arktische Sommer – und bald ist die ganze Herrlichkeit von der Sonne, die fast zwei Monate lang in unmerklichem Auf und Ab am Horizont entlang wandert und nie untergeht, weggeschmolzen: die Mauern, die Gewölbe, die Betten und die Bar mitsamt den Eisgläsern, die Figuren, das Kruzifix und der Kronleuchter sowieso. Alles. –

Im Spätherbst beginnt man dann, das Ganze wieder aufzubauen, jedesmal größer, schöner, kühner, in zweimonatiger harter Arbeit.

Was mich daran besonders fasziniert, ist der unerschütterliche Optimismus, mit dem diese Eiskünstler immer wieder etwas schaffen, von dem sie wissen, daß es einem sehr baldigen Ende bestimmt ist.

Indem ich nun das Gesehene und Erlebte zu beschreiben versuche, fällt mir auf, daß ich immer wieder das Wort »merkwürdig« zu Hilfe rufe, dieses Wort, das im Gegensatz zu seinem eindeutigen Zwilling »bemerkenswert« ein Chamäleon unter den Eigenschaftswörtern darstellt.

Hieß »merkwürdig« in seiner ursprünglichen Bedeutung nichts anderes, als daß eine Sache des Merkens würdig war, das heißt so auffällig, sonderbar, interessant, nicht alltäglich, beispielhaft, daß sie nicht dem Vergessen anheimfallen sollte, so machte das Wort einen Bedeutungswandel durch hin zum Seltsamen, Geheimnisvollen, Erstaunlichen, Unerklärlichen, aber auch Verdächtigen, ja sogar Anstößigen.

Wie die Linsen unserer Augen die Schärfe unbewußt auf den Gegenstand einstellen, den wir betrachten wollen, so nimmt das Wort »merkwürdig« je nach dem ihm nachgestellten Substantiv automatisch eine entsprechende andere Bedeutung, eine andere Färbung an, wie ein Chamäleon eben. Wir sind zum Beispiel sofort bereit, uns einem Menschen interessiert zu nähern, wenn ihm eine merkwürdige Ausstrahlung bescheinigt wird, wir rümpfen aber gleich die Nase, wenn wir an jemandem einen merkwürdigen Geruch wahrnehmen. Oder: ein merkwürdiger Vorfall weckt unsere Neugier, aber die merkwürdige Art, wie jemand uns anschaut, stößt uns ab.

So sind manche der hier erzählten Geschichten in dem Sinne *merk*würdig, daß durch sie Menschen, die eine Bedeutung für mich hatten, wie z. B. Regisseure oder Schauspieler, nicht der Vergessenheit anheimfallen. Was die unbekannten »Helden« in anderen Geschichten betrifft, so werbe ich beim Leser darum, mir dahin zu folgen, daß auch ihre Eigenheiten das Erzählen lohnen, selbst wenn sie weder berühmt noch beispielhaft, sondern einfach nur »merkwürdig« sind oder waren.

Jukkasjärvi, April 1996 M. A.

Romy a Roma, Amor Amaro

Ich hatte Romy Schneider 1956 in München bei den Dreharbeiten für den Film ROBINSON SOLL NICHT STERBEN kennengelernt, in dem sie neben Horst Buchholz und dem alten Erich Ponto eine Hauptrolle spielte, während ich zusammen mit meinem Freund Rudolf Rhomberg darin nur eine kleine Räubercharge geben durfte. Ich beobachtete Romy, die hoch auf ihrem SISSY-Ruhm schwebte, bei der Arbeit und war beeindruckt von ihrem Temperament und ihrer Konzentration. Da war viel mehr als der mollige Maderl-Charme, den man der Sissy gerade noch zugestehen mochte.

Ich war damals ein völlig unbeschriebenes Blatt, aber sie mußte gehört haben, daß ich ein ehemaliger Otto-Falckenberg-Schüler war. Jedenfalls kam sie eines Tages auf mich zu und erklärte mir, daß sie gerne den Schauspielerberuf von der Pike auf lernen möchte, und fragte mich, wie sie es anstellen müßte, auf dieser Schule aufgenommen zu werden. Ich erinnere mich, daß ich zu ihr sagte: »Romy, gehen Sie nicht hin. *Sie* können da nichts mehr lernen.«

Fünf Jahre und zehn Filme später – ich war gerade nach Rom gekommen, um dort meinen ersten italienischen Film zu drehen – saß ich draußen auf dem Bürgersteig vor dem PICCOLO MONDO, damals *dem* Eßlokal der Filmleute. Zwei Mädchenhände legten sich von hinten über meine Augen:

»Einen Pfennig, wenn du's rätst!« Ich riet es nicht. Es war Romy, die mit Alain Delon und einigen Freunden ein paar Tische weiter saß. Sie zog mich an der Hand zu ihrem Tisch und stellte mich vor. Man freundete sich damals in Rom leicht und schnell miteinander an, sah sich auf Parties, traf sich zum Essen oder fuhr zusammen ans Meer.

Eines Abends war der Besuch eines neuen Nachtclubs in der EUR, der modernen Satellitenstadt etwas außerhalb Roms, angesagt. Wir hatten vorher in einem Restaurant in der Altstadt zu Abend gegessen. Bei Tisch hatte es einen kleinen Disput zwischen Alain und Romy gegeben. Jedenfalls lud Alain mich ein, in seinem Ferrari mitzufahren, während ein Freund Alains mit Romy in meinem Wagen fuhr. Die Fahrt mit Alain in seinem silbergrauen Ferrari werde ich nie vergessen. Auf dem Viale Cristoforo Colombo, zwar einer Art Autobahn, aber dicht befahren und zum Stadtgebiet gehörend, fuhr Alain mit 200 Sachen stadtauswärts. Meine

Mitfahrer-Angst entlud sich in hektischem Lachen. Ich schaute Alain von der Seite an und wußte plötzlich, daß nichts passieren würde. Ich hatte noch nie so einen konzentrierten, kalten Ausdruck in einem Gesicht gesehen, außer bei Bubi Scholz vielleicht, in seiner besten Zeit. Die schwarzen Haare standen vom Rückwind wie ein Mützenschirm gerade nach vorn, die Kiefermuskeln des schönen Gesichts waren angespannt, und ein kleines Lächeln umspielte die Lippen. Ich rutschte noch tiefer in den Sitz, als Alain, ohne zu bremsen, schnurgerade auf den Obelisken des EUR-Forums zusteuerte und erst in letzter Sekunde mit einem winzigen Schlenker das Hindernis umfuhr.

Im Nachtclub saß ich an einem langen Tisch des großen Saales neben Romy. Auf der Bühne tanzte ein brasilianisches Ballett, die Tänzerinnen zeigten in wilden Sambarhythmen kaffeebraunes Fleisch. Auf einmal war Alain verschwunden. Ich merkte, wie Romy immer nervöser wurde, ich versuchte sie abzulenken. Nach einer guten Stunde tauchte Alain wieder auf. Als Romy eine Bemerkung machte, erhob sich Alain gleich wieder und verschwand erneut, diesmal für den Rest des Abends. Romy, die stumm und mit den Tränen kämpfend dasaß, bat mich irgendwann, sie nach Hause zu begleiten. Das Haus, das Romy und Alain damals bewohnten, gehörte Renato Salvatori und seiner Frau Annie Girardot, engste Freunde Alain Delons, ein altes schmales, hohes Haus neben dem Teatro Marcello, gleich hinter den drei berühmten Säulen des Tempels des Apollo Sosiano gelegen.

Romy wollte nicht allein sein und bat mich zu einem Drink in ihre Wohnung. Wir stiegen die engen, steilen Treppen hinauf. Oben angekommen, holte Romy eine Flasche Champagner aus dem Eisschrank, und mit einem »Mach schon mal auf!« verschwand sie für eine Weile. Ich öffnete folgsam die Flasche und schaute mich in der Wohnung um. Sie war verwinkelt und romantisch, geschmackvoll eingerichtet und mit wertvollen Bildern an den Wänden. Solch eine Wohnung hätte ich mir gewünscht.

Romy kam zurück. Sie hatte sich umgezogen und trug jetzt eine Art chinesischen Hausanzug. Mir fiel auf, daß sie gar nichts Sissyhaftes mehr hatte. Sie wirkte eher damenhaft und sehr verführerisch. Sie schien jetzt ganz ruhig und sprach überhaupt nicht von dem verunglückten Abend und Alain, sondern begann ein Gespräch – über das Theater! Wir tranken, und sie erzählte mir, daß sie im Herbst in Paris mit Alain unter Luchino Viscontis Regie John Fords SCHADE, DASS SIE EINE HURE IST spielen werde.

»Du *mußt* zu meiner Premiere kommen!« rief sie plötzlich und nahm meine Hand. »Bitte, bitte, das ist ganz wichtig für mich, versprich es mir!« Am liebsten jedoch würde sie in Deutschland Theater spielen und den Deutschen zeigen, daß sie keine Sissy mehr wäre. Ich würde doch August Everding kennen von den Münchner Kammerspielen, ob ich nicht mit ihm über sie sprechen könne, sie traue sich doch nicht...

Es war sicher vier Uhr früh, als sie auf einmal aufstand und sagte:

»Mario, könntest du mich begleiten? Ich muß Alain suchen. Ich glaube, ich weiß, wo er ist.« Ich versuchte, sie davon abzuhalten. Ich konnte mir die Szene allzugut vorstellen und wäre nicht gern dabeigewesen. Doch sie bestand darauf. So fuhren wir in meinem Austin-Healey nach Parioli im Norden der Stadt und suchten in allen möglichen Straßen und Einfahrten Alains Ferrari. Romy zitterte, ob vor Spannung oder wegen der heraufkriechenden Kälte? »Hier! Ja, hier rein, da versteckt er ihn immer. Nein, doch nicht, fahr noch einmal zurück...« Eine Stunde lang fuhren wir kreuz und quer durch die Straßen Pariolis, umsonst. Endlich gab sie auf. Ich hatte ihr meine Jacke um die Schulter gelegt, und wir fuhren zurück durch den Park der Villa Borghese. Als wir in die Piazza del Popolo einbogen, bat mich Romy anzuhalten. Der weite Platz war menschenleer.

»Hast du schon Fellinis LA DOLCE VITA gesehen?« fragte sie mich. Ich nickte.

»La dolce vita!« lachte sie bitter. »Komm, ich zeige dir was«, sagte sie und stieg aus dem Wagen. Sie führte mich zu der einen Ecke des großen Halbrunds der Piazza, unterhalb des Pincio.

»Bleib hier stehen!« Dann ging sie auf die andere Seite der Rundung, das sind gute hundert Meter, und blieb mit dem Gesicht zur Mauer stehen. Plötzlich hörte ich sie flüstern:

»Hörst du mich?«, und es klang so nah, als stünde sie unmittelbar neben mir. Ich flüsterte zurück:

»Ja, ganz nah, das ist ja Wahnsinn!« Dann sah ich, wie sie sich auf den Marmorvorsprung an der Ecke hinsetzte, und auf einmal drang, noch unwirklicher als zuvor, ihre Stimme leise, aber doch ganz deutlich zu mir herüber:

»Meine Ruh' ist hin,
mein Herz ist schwer;
Ich finde sie nimmer
Und nimmermehr.

Wo ich ihn nicht hab',
Ist mir das Grab,
Die ganze Welt
ist mir vergällt.

Mein armer Kopf
Ist mir verrückt,
Mein armer Sinn
Ist mir zerstückt.«

Sie sprach das ganze Gretchen-Gedicht aus dem FAUST, eine beliebte Vorsprechszene auf jeder Schauspielschule, doch sie sprach es so verzweifelt und ergreifend, wie ich es nie gehört hatte. Ich merkte, wie sie mich mit jedem Wort stärker rührte, ich kämpfte dagegen an, indem ich mir sagte: ›Sie denkt dabei natürlich an ihren Alain‹, ich spürte einen Stich von Eifersucht und dachte, daß *der* so viel verzweifelte Liebe gar nicht verdiente, während Romy-Gretchen weitersprach:

»Sein hoher Gang,
sein' edle Gestalt,
Seines Mundes Lächeln,
Seiner Augen Gewalt,

Und seiner Rede
Zauberfluß,
Sein Händedruck,
Und ach, sein Kuss!«

Ich war tief gerührt und merkte, wie mir die Tränen in die Augen stiegen. – Ihre Stimme schien mir nun immer lauter und leidenschaftlicher über den leeren Platz zu hallen, als sie schluchzte:

»Ach dürft' ich fassen
Und halten ihn

Und küssen ihn,
So wie ich wollt',
An seinen Küssen
Vergehen sollt'!«

Am Ende weinte sie eine ganze Welle leise vor sich hin, doch dann, ganz ohne Übergang, lachte sie laut, fast schrill auf und fragte: »Meinst du, das könnte Herrn Everding überzeugen?« Ich wischte verstohlen meine Tränen ab und verfluchte meine Rührung. Ich sah, wie sie aufstand und schnell auf meinen Wagen zuging, der mit offenen Türen wie ein großer schwarzer Käfer auf der leeren Piazza stand.

Es war hell geworden. Auf dem Weg zu ihrer Wohnung sprachen wir kein Wort. Sie ließ mich nicht aussteigen, nahm meine Jacke von ihrer Schulter, küßte mich flüchtig und flüsterte: »Danke!« Ich sah noch, wie sie die schmale Treppe hinaufhuschte und, mir noch einmal zuwinkend, verschwand.

Auf dem Weg zu meinem Hotel fuhr ich durch die noch menschenleere Stadt. Ich kam am Quirinalspalast vorbei und sah auf der schnurgeraden langen Straße einen silbernen Punkt mit rasender Geschwindigkeit auf mich zukommen und immer größer werden: Alain, in seinem Ferrari, wer sonst! Kaum an mir vorbei, bremste er, und das Quietschen mußte den armen Staatspräsidenten im Quirinal aus dem Schlaf reißen. Alain kam im Rückwärtsgang fast ebenso schnell zurück, hielt neben mir, der ich auch auf die Bremsen gestiegen war, und ich sah in Alains erstaunlich zerknittertes Gesicht. »Wo kommst du denn her?« fragte er heiser.

»Von Romy.«

»Was habt ihr denn bis jetzt gemacht?« fragte er und schaute auf die Uhr.

»Wir haben geredet.«

»Geredet?« Sein Gesicht bekam einen ziemlich dummen Ausdruck. Er dachte ein paar Sekunden nach, dann gab er wortlos Gas und war weg wie der Blitz.

Im folgenden Herbst flog ich kurz vor der Premiere von SCHADE, DASS SIE EINE HURE IST nach Paris. Ich rief Romy an. Eine Sekretärin antwortete. Ich wartete lange, dann sagte die gleiche Stimme, daß Madame nicht zu sprechen sei. Ich hinterließ eine Nachricht, versuchte es noch ein-, zweimal, nichts. Ich habe die Premiere und auch Romy nicht gesehen.

Wir trafen uns dann nur noch bei offiziellen Anlässen, Festspielen oder Filmbällen. Manchmal blieb es bei einer eher kühlen Begrüßung, dann wieder kam es vor, daß sie mir freudig in die Arme flog.

Irgendwann einmal hatten wir zusammen Walzer getanzt. Ich hatte mich nie für einen besonders guten Walzertänzer gehalten, doch Romy behauptete, daß sie noch mit niemandem so gut getanzt hätte und daß wir beide unbedingt einen Film drehen müßten, in dem wir beide Walzer tanzten... Von da an tanzten wir noch öfter unseren Walzer, immer gegen Ende eines Balles, wenn die Tanzfläche fast leer war, oder wir tanzten auch in Nachtclubs, in die man noch nach dem Ball ging. Romy bestellte dann beim Orchesterchef oder beim Diskjockey einen Walzer, möglichst den Kaiserwalzer von Strauß, und sie tanzte, tanzte unermüdlich. Sie liebte es, sich bis zum Schwindligwerden zu drehen, zu drehen, zu drehen...

Ein Mann spielt um sein Leben

Vor etwa zwölf Jahren rief mich meine Kollegin Gwendolyn v. A. an. Wir trafen uns, sie zeigte mir eine Akte mit einer Menge von Papieren, Zeitungsausschnitten, Fotos, Skriptseiten und erzählte mir die dazugehörende Geschichte. Zum ersten Male hörte ich von dem Schauspieler Leo Reuss.

Die Fotos zeigten einen Mann in den Vierzigern, und sie fragte, ob ich nicht eine gewisse Ähnlichkeit zwischen mir und dem Mann entdecken könnte. Diese Ähnlichkeit hätte sie auf den Gedanken gebracht, mich anzusprechen, denn das Leben des Leo Reuss schreie nach Verfilmung. Ich las die Geschichte und war fasziniert.

Wir entwickelten eine Strategie, wie man dieses Projekt auf die Beine stellen könnte, und ich schlug die Geschichte bei verschiedenen Produktionen vor, jedoch mit wenig Erfolg. Ein mir befreundeter Produzent wollte bestenfalls einen Dokumentarfilm daraus machen, versprach mir dafür eine viel zu bescheidene Summe, zu wenig um zu leben, zu viel um zu sterben. Gwendolyn und ich wollten jedoch einen richtigen Spielfilm machen. Sie recherchierte die Geschichte in allen Einzelheiten, schrieb mehrere Versionen eines Drehbuchs, ich nutzte einen Aufenthalt in Hollywood, um eventuell noch lebende Produzenten, Kollegen und Freunde von Leo Reuss für dessen Geschichte zu mobilisieren, aber auch dort traf ich nicht nur auf wenig Interesse, sondern sogar auf Ablehnung, denn es gab Leute im ehemaligen Emigrantenmilieu, die die Wahrheit der ganzen Geschichte bestritten.

Leo Reuss war kein großer Schauspieler. Ein dunkelhaariger, kräftiger, gutaussehender Mann, ein vielseitiger und brauchbarer Charakterspieler, wie er jedem Theaterensemble gut ansteht, und so hatte er es nach der Ochsentour durch die Provinz in den zwanziger Jahren bis nach Berlin geschafft. Er spielte ab und zu auch große Rollen, wie zum Beispiel den Leicester in Schillers MARIA STUART, und das will schon etwas heißen, wenn man der Partner der großen Heroine Agnes Straub sein darf, die in dem Stück die Königin Elisabeth von England spielte. Wie auf der Bühne wurde Leo auch im Privatleben der Geliebte der Straub, so daß böswillige Zungen für Leo Reuss den Spitznamen »Straubsauger« in Umlauf brachten.

Wir wissen nicht, wie diese ganze Geschichte damals im Berlin der beginnenden 30er Jahre weitergegangen wäre, doch leider hat es da einen Herrn Hitler gegeben. Leo Reuss war nämlich Jude und hatte in seiner Situation denkbar schlechte Karten. Man sagt, er habe, als Hitler eine bittere Tatsache wurde, Agnes Straub die Trennung vorgeschlagen, was diese, wie es einer Theaterheldin geziemt, immerhin abgelehnt haben soll.

Trotzdem verließ Leo Berlin, da ihm ein Gastspiel in Kiel angeboten wurde. Er glaubte sich in der etwas ferneren Hafenstadt ein wenig außerhalb der Schußlinie. Doch Hitler war an der Macht, und so schwappte die Welle des Antisemitismus auch bald bis an die Ostsee hinauf.

Es hatte sich herumgesprochen, daß dem Ensemble des Theaters ein Jude angehörte. Bei der Premiere gab es dann auch eine Störaktion der SA. Reuss trug zum Glück in diesem Stück eine blonde Perücke, und der Zorn der Schergen entlud sich auf einen Kollegen, nur weil der dunkelhaarig war.

Natürlich war nach dem Zwischenfall für Leo keines Bleibens in Kiel, er setzte sich ab und gelangte über Prag schließlich nach Wien.

Der Exodus der dem System mißliebigen Schriftsteller und Künstler aus Deutschland hatte begonnen. In Wien wähnte man sich noch sicher. Leo Reuss bewarb sich beim Theater in der Josefstadt um ein Engagement. Der Intendant des Theaters war der Hofrat Ernst Lothar, getaufter Jude und ein eher ängstlicher Zeitgenosse, über den der jüdische Literat Egon Friedell das Klassikerwort böse abgewandelt haben soll: »Esel sei der Mensch, Hofrat und Jud'« – Lothar jedenfalls engagierte Leo Reuss nicht, der dann auch bald aus Wien verschwand.

Etwa drei Jahre später meldete sich bei der Direktion des Theaters in der Josefstadt ein merkwürdiger, rothaariger Mann mit einem ebensolchen mächtigen Bart und einem schweren Tiroler Akzent, um sich für ein Engagement als Schauspieler zu bewerben. Sicher hätte dieses Original beim Herrn Hofrat Lothar kaum Chancen gehabt, hätte er sich nicht mit einem Empfehlungsschreiben ganz besonderer Art präsentiert. Es trug nämlich die Handschrift des ehemals mächtigsten Mannes der gesamten deutschsprachigen Theaterszene: Max Reinhardt. Der empfahl denn seinem Spezi Ernstl, unserem Hofrat, den Laiendarsteller Kaspar Brandhofer als eine außerordentliche Naturbegabung, den er während eines Ferienaufenthalts im Vintschgau zufällig an einem Bauerntheater entdeckt hätte.

Obwohl der Hofrat angesichts des starken Tiroler Akzents des Bergbauern Bedenken hegte, sah er sich außerstande, gegenüber einem so mächtigen Fürsprecher, wie es Max Reinhardt war, seinem eigenen Urteil zu folgen. Nach einem wohlwollend aufgenommenen Vorsprechen, das der Laiendarsteller zudem originell zu gestalten wußte, bot der Hofrat dem Reinhardt-Schützling einen Stückvertrag für eine seiner nächsten Inszenierungen an, und zwar für die Rolle des Kunsthändlers Dorsday in Arthur Schnitzlers dramatisierter Novelle FRÄULEIN ELSE, mit der einzigen Auflage, daß Herr Brandhofer bis zum Probenbeginn in wenigen Monaten seinen Tiroler Dialekt drastisch mildern müsse.

Als man mit den Proben begann, hatte Brandhofer erstaunliche Fortschritte in die Richtung eines akzeptablen Bühnen-Wienerisch gemacht, auch wenn er immer wieder Anlaß zum Schmunzeln gab, weil ihm viele Theatergepflogenheiten nicht geläufig waren. Es war in der Tat drollig, wenn er auf die Frage der Darstellerin des Fräulein Else, ob sie ihm, wenn er sie auf seinen Armen tragen sollte, nicht zu schwer sei, antwortete:

»Ein bissel schwerer wie a klaans Kalberl sans schon!« Oder wenn der Regisseur ihm den Sinn eines Monologs auf der Bühne als ein Selbstgespräch klarmachte und Brandhofer seine eigene, rührende Version vorschlug:

»Sie meinen, eine Zwiesprache mit Gott?«

Doch es gab auch befremdliche Augenblicke, wenn er zum Beispiel, ungehalten über eine eigene Textschwierigkeit, die Souffleuse anfuhr:

»Nun schlag doch schon an!« Wo hatte er plötzlich einen so ureigenen Ausdruck aus dem Theaterjargon her? Allmählich wandelte sich das anfängliche, gönnerhafte Wohlwollen bei einigen Kollegen in kaum verhohlenen Neid und immer offener geäußerte Zweifel an dem begabten Laien. Wer war Kaspar Brandhofer wirklich? Viele wollten nicht mehr an das Märchen vom Tiroler Bergbauern glauben. Jedoch am Abend der Premiere überraschte Brandhofer seine Zweifler mit seiner Familie im Zuschauerraum, die Frau im Tiroler Dirndlkleid, daneben die rothaarigen Kinder Hans und Grete. Die Premiere wurde ein großer Erfolg, besonders für Kaspar Brandhofer.

Ein beträchtlicher Schönheitsfehler war jedoch die Tatsache, daß besonders die rechte Presse, die ganz offen antisemitisch war und schon heftig großdeutsche Ideen propagierte, die Leistung des Tiroler Bergbauern über den grünen Klee lobte, da der dem Wiener Juden-Theater gezeigt hätte, was eine arische Gebirgseiche sei!

Nun, der Leser hat längst gemerkt, daß Kaspar Brandhofer niemand anderer als Leo Reuss war. Und dies konnte in so einer kleinen Familie, wie sie das Theater schließlich ist, auf die Dauer nicht verborgen bleiben.

Am Josefstädter Theater gab es Leute, die Reuss aus Berlin kannten, wie zum Beispiel Albert Bassermann und seine Frau Else, die Leos Spiel konsequent mitspielten, aber im Ensemble gab es auch Schauspieler, die, wir sind ja schon im Jahre 1937, aus ihrer Sympathie für Hitler, dessen Nazipartei und Anschlußpläne keinen Hehl machten. Es kam vor, daß man selbst während der Vorstellung aus den Bühnengassen heraus Brandhofer seinen wahren Namen »Leo!« zurief, um ihn zu irritieren. Nachts erhielt er Anrufe, bei denen sich eine Frauenstimme meldete: »Leo, hier ist die Agnes aus Berlin!«

Noch behielt Leo Reuss die Nerven: »Hier ist Brandhofer, falsch verbunden!« Doch war es eines Tages Leo selbst, der im Theater, mit Kaspar angesprochen, verwirrt schrie: »Aber ich bin nicht der Kaspar, ich bin der Leo!« Als er seinen Fehler bemerkte, brach er schluchzend zusammen:

»Ja, ja, ja, ich bin der Leo, ich bin der Leo, ich bin der Leo!«

Nun war es am Tage: Der Hofrat Lothar kündigte ihm fristlos und drohte sogar mit einem Prozeß. Leo trat die Flucht nach vorne an. Er machte seine ganze Geschichte öffentlich, die rechte Presse tobte. Seine Geschichte war in aller Munde. Er bekam sogleich ein neues Engagement. Das Theater an der Wien bot ihm die Rolle des Napoleon in MADAME SANS GÊNE an. Leo gab auch äußerlich seine Verkleidung auf. Für den Napoleon mußt er die rote Mähne und den roten Bart opfern, und so sah er wieder ganz wie der alte Leo Reuss aus. Natürlich war ganz klar: Die Aufführung und besonders der Napoleon wurden verrissen. Das Stück wurde abgesetzt, und Leo Reuss stand auf der Straße. Für kurze Zeit treffen wir ihn am Wiener jüdischen Theater, bis dieses seine Tore schließen muß. Der »Anschluß« stand kurz bevor.

Eines Tages erreichte Leo jedoch ein Brief, ein Brief aus Amerika, das Schreiben eines der großen amerikanischen Filmbosse. Darin lobte der erst einmal das großartige Schnippchen, das der Jude Leo Reuss den Nazis mit seiner Verwandlung in den Tiroler Bauern Brandhofer geschlagen hätte. Diese Geschichte sei so umwerfend komisch, daß man sich entschlossen hätte, sie als Film auf die Leinwand zu bringen, und er schlage Leo vor, nach Hollywood zu kommen, damit er dort in Zusammenarbeit mit den besten Drehbuchautoren seine Geschichte in ein Drehbuch verwandle, außerdem stünde ja auch der Möglichkeit, daß er, Leo Reuss, sich selbst im Film darstelle, nichts im Wege, denn wer, wenn nicht er selbst, könne seine eigene Rolle durch seine großartige Wandlungsfähigkeit überzeugender verkörpern?

Leo glaubte zu träumen, doch es war die unerwartete Rettung aus aller Not. Die Amerikaner schickten ein üppiges Reisegeld in Dollars und eine Fahrkarte Southampton – New York auf der

»Queen Mary«. Leo verließ Wien leichten Herzens. Bei seiner Ankunft in New York bedrängten ihn schon die Reporter, die Eisenbahnreise quer über den amerikanischen Kontinent nach Los Angeles wurde ein einziger Triumphzug, und bei seiner Ankunft dort war Leo Reuss in aller Munde als der Mann, der Hitler lächerlich gemacht hatte. Er bezog ein teures Hotel, im Filmstudio bekam er ein eigenes Büro, ein ganzes Rudel von Autoren schwärmte ständig um ihn herum, und Leo mußte nur seine Geschichte in allen Details wieder und wieder erzählen.

Doch als Leo eines Morgens wie üblich das Studiogelände betreten wollte, verwehrte ihm der Beamte am Tor, den er doch inzwischen gut kannte, den Eintritt. »Wo wollen Sie hin, Sir?« fragte ihn der. »Haben Sie eine Verabredung?« Fassungslos rief Leo:

»Ich habe keine Verabredung, ich will in mein Büro! Sam, erkennen Sie mich denn nicht?«

Es stellte sich heraus, er hatte kein Büro mehr, keine Autoren mehr, keinen Produzenten mehr, nichts! Und es gab niemanden, der ihm den Grund für die Wendung mitgeteilt hätte.

Wieder einmal stand er auf der Straße. Ohne Geld, ohne Vertrag, ohne Freunde, die ihm hätten helfen können. Er gab seine Hotelsuite auf, bezog ein möbliertes Zimmer und traf schließlich andere deutsche Emigranten, die selbst am Hungertuch nagten. Eines Tages schlich er sich in die Kantine des Filmstudios, und dort traf er endlich auf einen der Leute, die seinerzeit an seinem Filmprojekt beteiligt waren.

Dem Mann war es selbst schrecklich peinlich. Leo wollte auch nur wissen, warum alles eine solche Wendung genommen hatte. »Was soll ich dir sagen, Leo?« wand sich der andere. »Dein Film ist gestorben, abgesagt, es tut mir ja auch sehr leid, Leo!« Doch auf einmal hellten sich seine Züge auf. »Mensch, Leo, ich habe eine Idee. Gut, daß ich dich treffe! Wir drehen nämlich gerade einen Film, und darin gibt es eine Rolle, nun ja, es ist eine kleine Rolle – du hast da doch in Wien so brillant den Germanen gespielt –, es ist die Rolle eines Nazis. Du müßtest natürlich deine Haare blond färben, darin hast du ja Erfahrung, nicht wahr?«

Einige Tage später saß Leo beim Maskenbildner des Studios, er sah sich im Spiegel, seine Haare waren diesmal nicht rot, sondern blond gefärbt, gescheitelt und martialisch gebürstet, dann der kurze Schnurrbart, das Braunhemd, die Hakenkreuzbinde am linken Ärmel... Leo hob die Rechte und deutete einen Hitlergruß an. Der Maskenbildner klopfte Leo auf die Schulter und sagte: »Great, Mr. Royce!«

Denn so nannte sich Leo seit seinem ersten amerikanischen Film: Lionel Royce. Er hat danach viele solche Nazirollen gespielt, bei Lubitsch war er einmal kein Nazi, sondern ein ungarischer Polizist, so spielte er sich recht und schlecht über den Krieg. Er war geschieden, hatte wieder geheiratet, eine Amerikanerin diesmal, in den üblichen Emigrantenkreisen war er immer seltener zu Gast. Als nach dem Krieg die Welle der Propagandafilme, in denen es von deutschen Soldaten und oft sehr dummen Nazichargen nur so wimmelte, langsam zu Ende ging, bekam Leo immer weniger zu tun.

So war es während des Koreakrieges für ihn ein Glück, als man ihm eine Rolle in der Show eines der großen amerikanischen Komiker anbot, der sich während des Koreakrieges zur Truppenbetreuung zum pazifischen Kriegsschauplatz begab. Lionel war nicht mehr der jüngste, sein Herz machte ihm zu schaffen. Daß die Versicherungssumme, die für die an einer solchen Operation im Kriegsgebiet Beteiligten anfallen würde, fünfmal so hoch war wie eine normale Versicherungssumme, mag der Hauptgrund für Lionel gewesen sein, sich einer solchen Strapaze auszusetzen. Er wollte seine Familie versorgt sehen, wer versteht das nicht?

Die erste Station war Manila. Als Lionel mit seinen Kollegen in brütender Hitze ankam, sehnte er sich nach einer kalten Dusche im Hotel. Sein einziges Gepäckstück war ein schwerer Seesack, den er selber in sein Hotelzimmer tragen mußte. Als er ihn auf das Bett geworfen hatte, spürte er, wie ihm schwindlig wurde, ihm war, als packte eine große Faust seine Brust und drückte sie zusammen. Ohne einen Laut fiel er zu Boden. Da die Tür offenstand, fand man ihn bald, ein Militärarzt wurde gerufen. Dieser untersuchte Lionel, der unter dem sich nur langsam drehenden Ventilator auf seinem Bett lag und kaum atmete. Er gab ihm eine Spritze, und als Lionel das Bewußtsein wiedererlangt hatte, teilte der Arzt ihm mit, daß er einen Herzinfarkt erlitten hätte. Er dürfte sich nicht bewegen, man werde abwarten müssen, bis er transportfähig sei, dann werde man ihn in die Staaten zurückbringen. Nachdem Lionel eingeschlafen war, ließ man ihn allein.

Die Kameraden aus der Varietégruppe fuhren zum Hafen, wo auf einem Schlachtschiff der US-Flotte zu Ehren der Gäste aus Hollywood ein Fest veranstaltet wurde. Spät in der Nacht kehrten die Kollegen ins Hotel zurück. Sie wollten wissen, wie es Lionel ginge, und erfragten seine Zimmernummer beim Portier. Dieser beschwerte sich über den Hotelgast, der den ganzen Abend über einen fürchterlichen Krach in seinem Zimmer veranstaltet hätte. Es hätte sich angehört, als würden Möbelstücke gerückt und umgestürzt oder zertrümmert.

Beunruhigt begaben sich Lionels Kameraden zu seinem Zimmer, und als er auf ihr Rufen und Klopfen nicht antwortete, ließen sie schließlich die Tür öffnen: Lionel lag auf dem Fußboden, die Schatten der sich drehenden Ventilatorblätter huschten über sein Gesicht, so daß es aussah, als bewegten sich seine Züge, als lebte Lionel noch, doch der herbeigerufene Arzt konnte nur noch seinen Tod feststellen. Er erhielt ein militärisches Begräbnis mit Salutschüssen und dem berühmten Cornet-Signal. Seiner Familie schickte man eine Medaille.

Ob die Versicherungssumme bezahlt worden ist, weiß ich nicht.

Hamburg 1984. Man hatte mich zur Geburtstagsfeier eines Fernsehbosses ins Studio Hamburg eingeladen. Ich traf dort eine ganze Riege bekannter Schauspieler. Ich erinnere mich noch an Wolfgang Kieling und Heinz Schubert.

Gegen Mitternacht hatten wir im Anschluß an die kulinarisch magere Fete noch Appetit verspürt und waren zu Paolinos Ristorante an der Außenalster gefahren, um noch einen Teller Spaghetti zu essen und ein Glas Wein zu trinken. Aus dem Glas wurde eine ganze Batterie von Flaschen, es war schon gegen drei Uhr morgens, als ich im Taxi zusammen mit einem bekannten Kollegen zurück ins Hotel ATLANTIC fuhr. Im Taxi erzählte er mir beiläufig, daß man ihn in der noblen ATLANTIC-SUITE untergebracht hätte, die sich im vierten Stock im runden Eckturm des Hotels befand. Wir hatten gerade den Aufzug betreten, als er fragte: »Hätten Sie noch Lust, in meinem Zimmer ein Glas Champagner mit mir zu trinken?« Ich konnte mich des Gedankens nicht erwehren, daß er mich nur einlud, um mir seine luxuriöse Unterkunft zu zeigen. In der tatsächlich beeindruckenden Suite angekommen, öffnete er die Champagnerflasche, schenkte ein, wir tranken im Stehen. Er ließ mich nicht aus den Augen, während er das Glas abstellte und mich plötzlich fragte:

»Stimmt es, daß *Sie* den Kaspar Brandhofer spielen wollen?«

Ich war erst einmal wirklich überrascht von dieser direkten Frage und murmelte etwas wie:

»Ich hatte es einmal vor, aber...« Ich kam nicht weiter, denn in diesem Augenblick stürzte er auf mich zu, packte mich am Revers meiner Jacke, zog mein Gesicht ganz dicht an das seine und schrie in wütendem Stakkato:

»Die-se – Rol-le – wer-de – ichhh – Ih-nen – abjagen!!!« – Er ließ mich los, ich hob beide Hände, als fühlte ich mich von einer Pistole bedroht, und ging.

Am folgenden Vormittag sah ich ihn in der Hotelhalle, ich tat, als sähe ich ihn nicht, doch er kam auf mich zu, legte mir den Arm um die Schulter und fragte mit besorgter Neugier: »Hab' ich da gestern vielleicht ein bisserl zu viel getrunken gehabt?«

November 1985. Ich drehte mit einigen deutschen Schauspielern in einem englischen Spielfilm in Bad Gastein. Abends saßen wir häufig mit unseren englischen Kollegen zusammen beim Essen. Zu den deutschen Schauspielern gehörten Wolfgang Reichmann, Helmut Griem und Jacques Breuer.

Wolfgang Reichmann mit seiner wundervollen Stimme faszinierte alle. Eines Abends begann er eine Geschichte zu erzählen, die ich nur allzugut kannte. Im Laufe der Erzählung konnte ich ihm da und dort mit einem Namen, einer Einzelheit beispringen. Befremdet schaute er mich dabei aus den Augenwinkeln an, bis er sich endlich unterbrach und fragte:

»Du kennst die Geschichte?« Als ich bejahte, erwiderte er mit großer Verwunderung: »Du glaubst doch nicht etwa, daß du den Kaspar Brandhofer spielen kannst!? Das ist doch gar nicht deine Rolle!« Ich dachte an jene Szene im Hotel ATLANTIC und erwiderte lachend:

»Lieber Wolfgang, ich glaube nicht, daß ich diese Rolle jemals spielen werde, aber ich bin mir ziemlich sicher, daß auch *du* sie nicht bekommen wirst. Wir haben nämlich einen Rivalen, einen sehr ehrgeizigen Konkurrenten!«

Reichmann schaute mich mit offenem Mund an, und dann rollte und grollte es aus seiner Brust:

»BRANDAUER!!!«

Der schwarze Prinz

Als der große Regisseur, Schauspieler und Autor Fritz Kortner am 22. Juli 1970 starb, überschrieb eine Münchner Zeitung ihren Nachruf mit der Zeile:

DER SCHWARZE PRINZ IST TOT!

Mit Kortner war ein Regisseur dahingegangen, der wie keiner seit Max Reinhardt ganze Generationen von Schauspielern geformt und beeinflußt hat. Ich selbst kann sagen: Es ist in meiner Laufbahn kaum ein Tag vergangen, an dem ich nicht an Kortner gedacht hätte. Entweder fragte ich mich: »Was hätte Kortner in diesem Falle getan, gesagt?« oder »Wie hätte Kortner sich in dieser Lage verhalten, wie hätte er dieses Problem gelöst?« Und fast immer konnte ich eine Antwort, eine Lösung finden. Wenn man Kortner gekannt hat, stellt sich zugleich auch der nasale Tonfall ein, mit dem er seine manchmal witzigen, nicht selten bösen Bonmots äußerte.

Es gibt niemanden im Theater, der so häufig mal gut, mal weniger gut imitiert wurde und noch wird. So haben mich einige seiner Anweisungen ein Leben lang begleitet, etwa: »Wir haben keine Zeit, darum: LANGSAM! Der große finnische Langstreckenläufer Nurmi schaute beim Laufen immer auf die Uhr, ob er nicht zu schnell war.« Als ein Schauspieler ihn während einer Probe fragte:

»Herr Kortner, wo trete ich denn auf?« antwortete Kortner:

»Treten Sie nicht auf, kommen Sie herein!«

Doch wäre es unlauter, nur vom guten und bewunderten Kortner zu sprechen. Es gab sicher sehr viele Schauspieler, die ihn fürchteten oder gar haßten, aber ich hege den Verdacht, es waren nicht die besten. In München soll sich sogar eine Schauspielerschar zusammengefunden haben, um einen »Verein der Kortner-Geschädigten« zu gründen. Wer läßt sich schon gerne sagen: »Sie haben einen Adlerblick für das Unwesentliche!« oder: »Wissen Sie, was Sie sind? Sie sind blind, taub, faul und dumm!« oder gar: »Ich habe Sie unter dem schweren Verdacht, Sie schwänzen einen anderen Beruf!«

Kortner werden zu viele Bonmots zugeschrieben, als daß er sie selbst alle erfunden und geäußert haben könnte. So soll er Hamburg als Theaterstadt nicht besonders geschätzt und beim Verlassen einer Theateraufführung gesagt haben:

»Jetzt weiß ich auch, warum in Hamburg so schlechtes Theater gemacht wird: Damit die Matrosen, wenn sie an Land kommen, auch etwas zum Kotzen haben.« Gefragt, ob diese Äußerung wirklich von ihm stamme, sagte er: »Nein, aber sie hätte von mir sein können.« Als er sich nach dem Regisseur einer dortigen Theateraufführung erkundigte und man ihm den Namen ERFURTH nannte, murmelte er:

»Da hätte er bleiben sollen!«

Über diesen anekdotischen Kortner hinaus war er allerdings ein glänzender Lehrer. So ätzend seine Bemerkungen sein mochten, so genau und treffend waren sie allemal. Wenn er sagte, daß jeder Satz wie eine Nuß sei, die man aufbrechen müsse, um zu sehen, ob sie nicht taub wäre, so lehrte das eben alle, die durch seine Schule gingen, nie wieder leichtfertig einen Satz daherzuplappern, wer auch immer der Autor sei. Er warnte vor dem Spiel, das dem Zuschauer gefällig sein will. Er verachtete und bekämpfte die »abonnenten-freundliche«, stets dem Publikum buhlend zugewandte Stellung auf der Bühne, er warnte vor dem allzu bereitwillig gegebenen Applaus, er mißtraute dem kollektiven Urteil der Masse:

»Hüten Sie sich davor, den Applaus zu lieben! Sie wissen ja nicht, wer da unten sitzt und Ihnen zujubelt, welchen Schwachsinn das gleiche Publikum gestern beklatscht hat, welche Genieleistung es morgen auspfeifen wird?«

Die Proben mit oder besser unter Kortner konnten allerdings frustrierend sein. Man hat ihm oft vorgeworfen, die »kleinen« Schauspieler zu quälen, die Bühnenstars aber ungeschoren zu lassen. Richtig daran ist, daß er unduldsam allem Mittelmäßigen gegenüber war, er arbeitete unermüdlich an den Fehlern dieser »Kleinen«, so daß es manchen Kritikern schien, die Bühne wimmele von kleinen Kortnern.

Ihm zuzuschauen, wenn er »vormachte«, war ein Vergnügen, mehr noch, ich wußte sofort, wie recht er hatte, und die Qualität des Vorgespielten erschien mir unerreichbar wie ein Fixstern. Als ein Schauspieler den Satz » Ich weiß es nicht!« mit einer minimalen Geste begleitete, einem Schulterzucken oder einem kleinen Auswärtsdrehen der am Körper herunterhängenden Hände, sagte Kortner: »Wir haben unseren Gestus verloren, wir machen keine Gesten mehr. Sie sind verkümmert, verkrüppelt, wie die Flügel der Pinguine«, und er imitierte die zu klein geratene Geste des Fliegenwollens mit zu Stummeln gewordenen Armen: »Ich weiß es nicht, ich weiß es nicht.«

Dann zeigte er, wie *er* sich diesen Satz und die dazugehörige Geste vorstellte. Langsam lösten sich die Arme von der Hosennaht, hoben sich seitlich hoch und höher, während sein Gesicht immer größere Ratlosigkeit ausdrückte. Die Arme hoben sich weiter bis über den Kopf, blieben einen Augenblick lang wie zwei große Äste hochgereckt stehen, um dann, begleitet von einem hilflosen, ja verzweifelten »ICH WEISS ES NICHT!« herabzufallen und seitlich an die Schenkel zu klatschen. Atemberaubend!

Auch unsere Mimik, verkündete er ein andermal, sei verkümmert. Hierfür gab er dem Film die Schuld, besonders dem amerikanischen Film. Das sogenannte Understatement sei im Kino zur Tugend ernannt worden jener Einheitsausdruck der amerikanischen Filmstars, der keinerlei Gefühlsregung erkennbar werden läßt. Man konnte verstehen, daß er in der Emigration sehr gelitten hatte, einmal durch den zeitweiligen Verlust der Muttersprache und dann durch jene angelsächsische Ausdrucksarmut. Über die Emigration sagte er daher: »Wir waren alle in Gottes Hand, also an einem sehr ungemütlichen Aufenthaltsort.«

Nach seiner Rückkehr aus Amerika spielte Kortner in den frühen fünfziger Jahren noch eine Zeitlang selbst Theater, aber die Angst vor dem Gedächtnisverlust ließ ihn zum Regieberuf hinüberwechseln. Gott sei Dank, denkt man, und doch wie schade, daß uns so viele Altersrollen entgangen sind, wenn man den unvergleichlichen Shylock, den er in einer Fernsehinszenierung spielte, erlebt.

Einem älteren Schauspieler gegenüber zeigte er

großes Verständnis für dessen Textangst und die daraus resultierenden »Hänger« oder »Löcher«.

»Es gibt Hoffnung«, tröstete er den Kollegen. »Die Amerikaner haben eine Pille dagegen erfunden.«

»Hängt man denn dann nicht mehr, mit diesen Pillen?« fragte der Schauspieler hoffnungsvoll.

»Doch, das schon«, antwortete Kortner, »aber man schweigt glücklich!«

Ich weiß nicht, wieso ich in Kortner während meiner Zeit als Schauspielschüler, als ich von ihm so gut wie überhaupt nichts wußte, gleich den Giganten erkannt habe. Ich habe schon in den ersten Monaten meine Unterrichtsstunden geschwänzt, wenn Kortner an den Kammerspielen probte. Ich schlich mich heimlich in den Zuschauerraum, denn es war streng verboten, bei den Proben zuzuschauen. So hatte ich das Glück, bei denkwürdigen Proben und auch Probenkrächen dabeizusein. Ich erinnere mich daran, als während einer Probe für Becketts WARTEN AUF GODOT Leonard Steckel seine Rolle hinwarf, Rudolf Vogel und Ernst Schröder empört die Bühne verließen und nur Heinz Rühmann Frieden stiften wollte mit dem berühmt gewordenen Satz:

»Is wohl Föhn, Opa, wa?«

Da war die Probe zu Hebbels HERODES UND MARIAMNE, eine Inszenierung, in der Kortner noch selbst den Herodes spielte und Regie führte:

Unser heutiger »Alter«, Siegfried Lowitz, damals noch ein junger, alerter Schauspieler, spielte den Joab und sollte den Satz sagen: »Man spricht von einer Jungfrau Maria!«, doch wie er den Satz auch sagte, er konnte es Kortner nicht recht machen.

»Lowitz, so hören Sie doch: Man spricht von einer *Jungfrau* Maria! Es ist nicht selbstverständlich, daß eine Jungfrau ein Kind gebiert, nicht wahr?« Lowitz versuchte es immer wieder; mal sollte er »spricht« hervorheben, mal »Maria« betonen, ohne die »Jungfrau« zu vernachlässigen. Schließlich griff er zu dem gefährlichen Trick, Kortner einfach zu imitieren in seiner nasalen Sprechweise, und siehe da, Kortner war's zufrieden:

»Ja, Lowitz, jetzt haben Sie's ja! Sehr gut! Das ist es doch! Warum nicht gleich so? Aber, Lowitz, bitte, rümpfen Sie bei der ›Jungfrau‹ nicht die Nase, sonst denkt man, die Jungfrau stinkt, und das würde dann wieder mir in die Schuhe geschoben!«

Auch ich habe meine Erfahrung mit Kortner gemacht. Die glückliche Zeit des heimlichen Zuschauens war vorbei. Frisch von der Schauspielschule sollte ich bei Kortner eine kleine Rolle in Christopher Frys DAS DUNKEL IST LICHT GENUG spielen. Bei einer der ersten Proben sagte Kortner:

»Adorf, kommen Sie nach vorn, noch weiter vor,

haben Sie keine Angst. Die Bühne gehört Ihnen, wenn auch nur für wenige Sekunden.« – Ich fragte Kortner, warum ich diesen Gang denn tun müsse, und bekam zur Antwort:

»Es gibt dafür zweitausend Gründe. Suchen Sie sich einen aus! – Und gehen Sie breitbeinig,... breitbeiniger... noch breitbeiniger, verstehen Sie mich denn nicht?... Der Mann ist ein Bauernbursch, er geniert sich nicht für das, was er zwischen den Beinen hat! – Und kräuseln Sie nicht die Stirn. Der Kerl ist ein Soldat, folglich dumm! Da gibt's nichts im Hirn, was vorne auf der Stirn Anlaß zum Kräuseln geben könnte!«

In den folgenden, quälenden Probenwochen mäkelte er immer wieder an mir herum, bis er mich eines Tages anschrie: »Adorf, wie Sie wissen, bin ich für Pausen zu haben, aber in Ihrem Alter und Ihrer Position können Sie sich noch keine leisten! Es gibt einen Unterschied von Pause und Hänger!« Ich fühlte mich ungerecht behandelt, meine Sicherungen schlugen durch, und ich schrie zurück:

»Das müssen Sie mal Ihrer Frau sagen!« Seine Frau war die große Johanna Hofer, die die Hauptrolle spielte und von gelegentlichen Amnesien heimgesucht wurde. Es entstand eine peinliche Pause. Kortner murmelte so etwas wie: »Wohl ironisch?«

Jetzt lief Regieassistent August Everding auf die Bühne, pflanzte sich empört vor mir auf und zischte: »Mario, du sprichsstt mitt Herrn Korttner!!!« Der Friede war gestört, wenig später ergriff Kortner die erste beste Gelegenheit:

»Aaadorf!« schrie er in einem seiner höchsten Nasaltöne. »Man hat mir einen dicken Komiker versprochen, Sie sind weder dick noch komisch! Man reiche mir Herrn Rhomberg!« – Ich war rausgeschmissen, doch fühlte ich mich eher erleichtert als beleidigt und ging nach Hause. –

Am nächsten Morgen rief mich Everding an:

»Mario, komm sofort zur Probe, wir warten auf dich!« –

»Ich denke nicht daran«, maulte ich, »Kortner hat mich rausgeschmissen, soll er sich doch mit Rhomberg amüsieren!«

»Red keinen Unsinn, Mario, der Rhombi probiert am Residenztheater und kann gar nicht. Jetzt komm sofort zur Probe! Schließlich hast du einen Vertrag. Und ... und ... und: Kortner will sich sogar bei dir entschuldigen!« Das wollte ich doch nun zu gerne erleben. Ich fuhr ins Theater und probierte »trotzig«. Während der Probe würdigte Kortner mich keines Wortes. Auch nachher, bei der Kritik im Konversationszimmer, kein Wort von Kortner, geschweige eine Entschuldigung. Er verarztete alle anderen Schauspieler mit seiner Kritik, bis wir schließlich allein waren.

»Adorf«, Kortner verzog sein Gesicht, »heute, ... also heute war es ...« er schüttelte sein Löwenhaupt, seine schon finsteren Züge verknautschten sich zur Leidensmiene: »... ausgezeichnet! – Aber Sie können es ja nicht halten.«

Ich wähnte mich entlassen und stand auf, um zu gehen, aber die versprochene Entschuldigung sollte doch noch kommen: »Übrigens ...« rief er mich zurück, »Adorf, Ja, nicht? – Na ja, der Rhomberg, nicht wahr, ist wirklich viel dicker als Sie! Geben Sie's zu!!!«

In den folgenden Jahren sollte ich immer wieder einmal bei Kortner eine Rolle übernehmen. Einmal drehte ich gerade in Frankfurt. Everding rief mich an. »Kortner will dich unbedingt als Jean in FRÄULEIN JULIE!« Ich fragte: »Wann?« – »Morgen!« sagte er. Ich machte ihm klar, daß ich mitten in den Fernsehaufnahmen für Brechts PUNTILA sei, doch Everding drängte darauf, daß ich wenigstens mit Kortner spräche. Am nächsten Morgen nahm ich das erste Flugzeug nach München. Da ich zwei Stunden später wieder in Frankfurt im Studio sein mußte, fand unser Treffen im Flughafenrestaurant statt. Als ich hereinkam, sah ich Kortner allein in dem leeren Saal. Er hatte damals noch den kräftigen Bürstenhaarschnitt, der ihn einmal angesichts einer Bronzebüste, die mein Freund Fritze Reuter von ihm gemacht hatte, den Ausspruch tun ließ: »Von hinten Hindenburg, von vorn die ganze Emigration.« Daran mußte ich denken, als ich zwischen den leeren Tischen und Stühlen zu ihm hinging.

Er erzählte von FRÄULEIN JULIE, der Idee, diesen Einakter abendfüllend zu inszenieren, er sprach von der Rolle des Jean, doch sehr bald ging es ihm nicht mehr um Stück und Rolle. Unser Gespräch wurde zu einem Monolog Kortners, einer Klagerede über die Theater, die Intendanten, die dem Unbequemen nicht die gewünschten Arbeitsbedingungen bieten wollten.

Wir hatten mehrere solcher Besprechungen, doch es kam leider nie mehr zu einer Zusammenarbeit. Da immer wieder Jahre zwischen unseren Begegnungen lagen, sah ich jedesmal mit Erschrecken, daß Kortner alt wurde. Seine widerborstigen grauen Haare wurden weiß und weich, wie auch er weicher und milder schien. Er war nun immer häufiger in der Halle des Hotels »VIER JAHRESZEITEN« zu sehen und kaum mehr in den Kammerspielen auf der anderen Seite der Maximilianstraße.

Eines Tages erblickte ihn beim Hoteleingang, wo er gerne saß, ein Mann, näherte sich ihm mit Staunen und rief: »Herr Kortner! Sie leben ja noch! Meine Frau behauptet steif und fest, Sie wären tot! Sie hat sogar mit mir gewettet. Kortner, sagt sie, ist schon lange tot, wetten?!!« Kortners Gesicht verzog sich zu einer schmerzlichen Grimasse, er wandte sich dem Störenfried zu:

»Hören Sie! Sagen Sie Ihrer Frau, Kortner *lebt* – aber sagen Sie's ihr bald!!!«

Der Garderobier

Alle nannten ihn Prüfi. Es war damals in der großen Zeit des Zürcher Schauspielhauses üblich, alle Namen so zu verkürzen, daß aus Lindtberg Lindi, aus Steckel Stecki, aus Quadflieg Quadi wurde, und so war Prüfer eben Prüfi. Er stammte aus Berlin, und das war selbst nach Jahrzehnten im Schweizer Exil unüberhörbar, zudem hatte er das gelispelte »S« vieler Berliner. Prüfi war einfachen Gemüts, und doch *war* er jemand am Schauspielhaus. Er war in aller Munde, denn er produzierte am laufenden Band die komischsten Sprüche: »Wenn wa unsern Humor nich hätten, könnt'n wa nur noch lachen!«

Er tat als Chefgarderobier aber nicht nur Dienste als Ankleidehelfer der Schauspieler, er hatte den Kostümfundus unter sich, besorgte die Kleider der Komparserie und auch der Schauspieler, wenn die Kostüme nicht neu angefertigt wurden. Aber auch dann war er dabei, er arbeitete in der Schneiderei, kümmerte sich um Accessoires wie Hüte, Schuhe, Taschen oder Krawatten. Seine Kommentare über seine vielseitige Arbeit mit den anspruchsvollen Regisseuren oder den Umgang mit den großen Theaterstars verbreiteten sich im Theater in Windeseile, und die erste Bemerkung der Schauspieler, wenn man sich zur Probe oder zur Vorstellung traf, war häufig:

»Hast du schon gehört, was Prüfi wieder gesagt hat?« Bester Lieferant von Prüfi-Anekdoten war der Schauspieler Erwin Parker, eine der Säulen des Ensembles und auch privat mit Prüfi befreundet. Nach den Reichstagswahlen, ich glaube 1932, hatte Parki zu Prüfi gesagt:

»Hast du gehört? Die Nazis haben bei der Wahl in Berlin 40 % der Stimmen erhalten!«, und Prüfi antwortete mit seinem Berliner Lispeln:

»Wat sind schon 40 % bei vier Millionen?!«

Als Prüfi in Max Frischs Theaterstück DON JUAN ODER DIE LIEBE ZUR GEOMETRIE für einen einzigen Auftritt am Schluß zwanzig neue Damenkostüme neu anfertigen mußte, rief er aus: »Frisch! Da muß allet neu sein! Un for Joethe jehn se in 'n Fundus!«

Als Prüfi sich bei Shakespeares JULIUS CAESAR der Unmenge materialverschlingender römischer Gewänder gegenübersah, klappte er das Textbuch zu, schaute auf die vordere Umschlagseite und sagte:

»Also, dem Schlejel-Tieck sollte man det Buch um de Ohrn schlagen!«

Bei einem anderen Klassiker erwiesen sich die Stiefel Ernst Ginsbergs bei den letzten Proben als zu eng, bei der Generalprobe war es der wuchtige Gustav Knuth, der über allzu enge Stiefel klagte. Da bei der Premiere jedoch von beiden keine Klagen mehr kamen, fragte Ginsberg unsern Prüfi, wie er dies nun bewerkstelligt hätte: »Janz einfach. In der Jeneralprobe hab ick ebent dem Knuth Ihre Stiefel jejebn, det er se een bisjen ausweiten tut.«

Als eines Tages im Konversationszimmer ungefähr alles an großen Schauspielern versammelt war, was damals, gleich nach dem Krieg, nur das Zürcher Schauspielhaus in dieser einmaligen Konzentration bieten konnte, hatte Gustav Knuth Prüfi vor allen Anwesenden maliziös gefragt:

»Sag doch mal, Prüfi, wer von all den Schauspielern hier ist nach deiner Meinung der beste?« Man kann sich vorstellen, daß eine peinliche Spannung in dem kleinen Raum entstand. Prüfi schaute alle Mimen in der Runde an: Da waren immerhin Horst Caspar, Will Quadflieg, aber auch Ernst Ginsberg, Kurt Horwitz, Walter Richter... Doch Prüfi nannte ohne Zögern einen Namen: »Carlmayer.«

Es muß überraschtes Aufatmen gegeben haben, wohl auch ungläubiges Staunen, denn Carlmayer war sicher ein sehr guter, doch ziemlich unauffälliger älterer Chargenspieler, und keiner wäre auf die

Idee gekommen, ihn zum besten Schauspieler des Ensembles zu küren.

»Wieso denn gerade Carlmayer?« fragte Knuth, und Prüfi sagte ganz ernsthaft: »Weil, der Carlmayer, der zieht allet an, wat ick 'n jebe!«

Der Hut

Professor A. ist ein erfolgreicher Mann. Er ist Chirurg und ein ausgezeichneter Operateur. Vor vielen Jahren schon hat er einen Meniskus in meinem rechten Knie operiert, das mir seither keine Schmerzen mehr bereitet. Es war sicher unsensibel von mir, als ich davon ausging, daß es für den Arzt genügt, wenn ein behandelter Patient sich nicht mehr meldet, weil er eben geheilt ist. Was ich nicht bedachte, ist, daß auch Chirurgen Menschen sind, die wie wir Schauspieler auf den Applaus, auf berufliche Anerkennung nicht verzichten wollen. Und mit Recht.

Eines Tages erhielt ich von meinem Professor eine auszufüllende Liste, in der er für die Forschung und die Erfolgsbilanz der Klinik, an der er operiert, um detaillierte Angaben über meinen Genesungsverlauf bat. In dem begleitenden Brief kam zum Ausdruck, daß er sich über eine persönliche Erfolgsmeldung gefreut hätte und noch freuen würde. Ich beeilte mich, ihm für meine Heilung meinen Dank zu übermitteln, der, wenn auch verspätet, wirklich von Herzen kam. Durch diese Korrespondenz war unsere Verbindung wieder hergestellt, und als er eines Tages brieflich anfragte, ob ich anläßlich der Feier seines runden Geburtstags mit einer kleinen privaten Lesung zum Gelingen dieses Festes beitragen würde, sagte ich mit Freuden zu. Die Auswahl der zu lesenden RODA-RODA-Texte zeugte von Humor, und einen Tag vor dem Fest bat der Professor mich in sein Haus, um den Ablauf des Abends zu besprechen. Ich nahm ein Taxi zu seiner Privatvilla, die in einer sehr feinen Gegend mit herrlichem Blick auf den See lag, und drückte meine Begeisterung über Haus und Lage wahrscheinlich so überschwenglich aus, daß er sich veranlaßt sah, den Kostenpunkt der Immobilie zu relativieren, indem er mir erzählte, wie es ihm gelungen war, ein solches an sich unbezahlbares Anwesen zu ergattern.

Bis vor einigen Jahren hatte er ganz in der Nähe dieser Villa eine große Mietwohnung bewohnt, von der aus man einen schönen Blick über den See gehabt hätte, wäre dieser Blick nicht vom hohen, ausgedehnten Dach einer unterhalb gelegenen Villa verstellt gewesen. So hätte er jahrelang voller Neid und Frust mit diesem Dach vor der Nase gelebt, bis eines Tages der Besitzer, ein schwerreicher Industrieller, verstorben wäre. Unter großem Pomp, so konnte der Professor beobachten, ging das Begräbnis vonstatten, und obwohl auf seine vorsichtige Anfrage hin die Villa nicht zum Verkauf stand, beschloß der Professor, den Hinterbliebenen einen Kondolenzbesuch zu machen. Er wußte, daß der Preis für ihn unerschwinglich sein mußte, konnte es sich aber nicht verkneifen, die Witwe des Villenbesitzers, die er als alleinige Bewohnerin des großen und weitläufigen Prachtbaus vorfand, darauf anzusprechen. Die ältere Dame versicherte ihm jedoch, daß sie aus reiner Pietät dem Dahingegangenen gegenüber an einen Verkauf nicht denken könne, wenn ihr auch der Gedanke schwerfalle, in diesem großen Hause ganz allein zu wohnen, denn die Kinder seien groß und aus dem Haus. Der Professor versuchte, ihr nun klarzumachen, daß es unter mehreren Gesichtspunkten nicht gut sein könne, allein mit der Erinnerung an ihren Gatten in diesem Hause zu bleiben. Als Arzt könne er ihr nur abraten. Sie hätte doch sicher noch viele Lebensjahre vor sich, die sie anders verbringen sollte, als allein in diesem viel zu großen Haus einem traurigen, einsamen Alter entgegenzudämmern. Was sie brauchte, versicherte er ihr, wären Reisen, ein aktives Leben weit entfernt von dieser geschäftigen Stadt und der ständigen Erinnerung an die Zeit mit ihrem Gemahl. Wenn er sich den Rat erlauben dürfe, wäre ein Verkauf der Immobilie das beste, selbst wenn sie finanziell nicht darauf angewiesen sei. Was zählte, sei die psychologische Trennung von diesem Besitz als ein wichtiger Teil einer Therapie, mit dem Ableben ihres Gatten fertig zu werden.

Die Witwe mußte nun zugeben, daß auch ihr Rechtsberater zum Verkauf des Hauses geraten hätte, wenn auch nicht aus sentimentalen, sondern rein wirtschaftlichen Gründen. Dem Professor schlug das Herz, ein kleiner Hoffnungsstrahl fiel in seine Seele. Jedoch als er vorsichtig den Preis erfragte, den der Rechtsberater veranschlagt hatte, war dieser noch erheblich höher, als unser Professor gedacht und befürchtet hatte. Er nannte dagegen verschämt und niedergeschlagen einen Preis, den er, damals noch nicht der gutverdienende Chefarzt, mit Darlehen und Optimismus für erschwinglich hielt. In der Tat ergab dies einen so phänomenalen Unterschied, daß der Professor sich für sein finanzielles Unvermögen entschuldigte und sich von der verständnisvollen Witwe verabschiedete.

Als die Hausherrin ihm in der geräumigen Diele die Hand gab, bemerkte er an der Kleiderablage gleich neben der Haustür an einem Haken einen Männerhut. Voller Mitgefühl erkundigte sich der Professor, ob es sich bei der Kopfbedeckung um den Hut ihres verstorbenen Gatten handelte. Die Witwe nickte, erzählte dann schluchzend, daß dies der Lieblingshut ihres Mannes war, der zuvor schon viele Jahre lang dort seinen Platz gehabt hätte, und allein diese Tatsache mache es ihr unmöglich, an einen Verkauf des Hauses auch nur zu denken. Der Professor drückte gedämpftes Verständnis aus und ging. –

Einige Tage später stand er, diesmal angemeldet und mit einem angemessenen Blumenstrauß in der Hand, an der Tür der Villa. Die Witwe begrüßte ihn wie einen alten Bekannten und bat ihn zu einer Tasse Tee in den Salon. Als der Professor andeutete, daß er demnächst in längere Ferien zu fahren gedenke, glaubte er echte Enttäuschung in den Zügen seiner Gastgeberin zu bemerken, und als er sich später, nach einer längeren, angenehmen Unterhaltung und ohne das Thema Hausverkauf auch nur mit einer Silbe erwähnt zu haben, verabschiedete, verweilte er noch bei der Tür. Er hielt die Hand der Witwe lange in der seinen, deutete mit der Linken auf den Hut und sagte:

»Gnädige Frau, ich will Sie nicht bedrängen, ich möchte Ihnen nur feierlich versichern, daß, wenn Sie sich jemals entschließen könnten, dieses Haus doch zu verkaufen, an mich zu verkaufen, dieser Hut für alle Zeiten, bei meinen Kindern und Kindeskindern, seinen Platz an dieser Stelle behalten würde!«

Die Frau brach in Tränen der Rührung aus, sank an die Brust des Arztes und stammelte:

»Herr Doktor, wenn das Ihr Ernst ist, nehmen Sie es, es soll Ihnen gehören zu dem Preis, den Sie bezahlen können!«

Auf diese Weise war der Professor in den Besitz dieses Hauses gekommen. Er führte mich in die Diele, und dort hing in der Tat der besagte Hut. »Nehmen Sie ihn ruhig herunter!« ermutigte mich der Professor lächelnd. Ich griff vorsichtig nach dem Hut, doch als ich das kostbare Stück vom Haken nehmen wollte, stellte ich fest, daß es dort, wo innen das Schweißband lief, mit einem soliden Metallreifen an dem Kleiderhaken befestigt war.

Friedrich der Große

»Einführung in den Beruf des Schauspielers« war der vielversprechende Titel einer einmaligen Unterrichtsstunde, die Friedrich Domin uns Falckenberg-Schülern geben würde. Wir waren noch keine Woche auf der Schule und neugierig auf die Geheimnisse, in die Domin uns einweihen sollte. Er war damals der unangefochtene Star der Münchner Kammerspiele, eine hochgewachsene, eindrucksvolle Erscheinung; er hatte die näselnde Sprechweise von Schauspielern der alten Schule, wenn auch weniger ausgeprägt als etwa Fritz Kortner. Der nannte Domin übrigens respektvoll »Friedrich den Großen«.

Wenn überhaupt einer, so konnte er uns lehren, auf was es denn nun ankomme, wenn man Schauspieler werden wollte. Ich hatte mir natürlich schon einige Gedanken gemacht und mir auch eine Liste mit Forderungen aufgestellt, die es zu erfüllen galt. Da standen die Eigenschaften, die nach meiner Ansicht einen Schauspieler ausmachten, als große Fragen gegeneinander: Was war wichtiger, Begabung oder Fleiß? Technik oder Natürlichkeit? Sensibilität oder Energie? Phantasie oder Vorbildung? Schönheit oder Persönlichkeit? Bescheidenheit oder Selbstsicherheit? Erfahrung oder Naivität...? So viele Fragen, auf die ich wenigstens teilweise eine Antwort durch Friedrich Domin erwartete. Ich hatte ihn schon einige Male auf der Bühne der Kammerspiele gesehen und bewundert. Er spielte gleich virtuos komische wie tragische Rollen. Privat wirkte er eher ernst und vornehm. Er trug häufig einen Homburg und bürstete seinen Schnurrbart mit einer kleinen Bürste, die er aus der Brusttasche zog. –

An jenem Tag trat er in den Saal der Schule, legte Hut und Mantel ab, blieb vor uns stehen, räusperte sich sonor – eine Marotte, die er auch auf der Bühne einsetzte – und begann:

»Junge – noch nicht ganz – Kollegen! Das wichtigste für einen Schauspieler ist«, er machte eine effektvolle Pause und sah uns der Reihe nach an, während wir an seinen Lippen hingen oder gespannt den Schreibstift bereithielten, »daß er gut riecht.« –

In unser Erstaunen hinein fuhr er fort:

»Sie kennen alle den Ausdruck: Diesen oder jenen ›kann ich nicht riechen‹, was nichts anderes heißt als: Ich kann ihn nicht leiden. Der Ausdruck ist sehr treffend, denn wenn man aus dem Mund riecht, gehen die Mitmenschen auf Distanz, meiden den anderen, der oft gar nichts von seiner abstoßenden Wirkung weiß. Man sagt ja nicht gerne zu jemandem: ›Du stinkst aus dem Maul.‹ Diesem üblen Dunst auszuweichen ist nun für den Partner auf der Bühne nicht möglich, in einer Liebesszene etwa, wenn Romeo seiner Julia den Knoblauchgeruch vom Mittagessen ins Gesicht bläst. Was soll die Arme machen? Sich vom Balkon stürzen?« Wir lachten etwas, doch ich war enttäuscht.

Was er uns da erzählte, war sicher nützlich, aber doch nicht wesentlich. Doch Domin saß weiterhin fest auf seinem Steckenpferd.

»Man spricht so viel vom ›guten Geschmack‹, doch er betrifft nur einen jeden selbst und ist wohl kaum erlernbar. Der gute Geruch hingegen ist herstellbar und betrifft natürlich auch andere Körperteile, die gern einen Eigengeruch entwickeln, dem man mit Seife und einem guten Deodorant beikommen kann. Viele vergessen auch, daß die Kleider unseren Körpergeruch annehmen. Also öfter wechseln! –

Noch ein kleines diskretes Geruchskapitel: Wer von uns war nicht schon gezwungen, eine mehreren Menschen zugängliche Toilette unmittelbar nach einem Vorgänger betreten und dessen sehr persönlichen Geruch einatmen zu müssen? Raucher pflegen diesen mit ihrem Zigarettenrauch abzuschwächen, und es ist auch den Nichtrauchern zu empfehlen, immer Streichhölzer bei sich zu tragen, nicht nur, um einer Dame Feuer anzubieten, sondern um eines oder zwei davon während des Aufenthalts an jenem Ort abzubrennen. Ihr Nachfolger wird's Ihnen danken.

Nachdem wir diese Verhaltensregeln befolgt haben, riechen wir gut und können nun das Theater betreten. Und auch hier gibt es Regeln, die nur scheinbar weniger mit der körperlichen Hygiene zu tun haben. Ich spreche vom Aberglauben, und wir werden sehen, daß viele abergläubische Bräuche auf lebens- oder gesundheitserhaltende (und das sind schließlich hygienische) Gebote oder Vorschriften zurückgehen.

Der oberste Aberglaube im Theater: das Pfeifen bringt Unglück. Kaum jemand weiß noch, woher dieser Aberglaube stammt, und doch hat er einen ganz realen Grund. Als es noch keine Sirenen gab, bedeutete das Pfeifsignal den Feueralarm. Der Brauch hätte heute also seinen Sinn verloren, wir respektieren ihn dennoch, weil das Pfeifen, Feueralarm oder nicht, ein unangenehmes und störendes Geräusch im Theater ist, vor allem, wenn es aus dem Zuschauerraum kommt.

Wenn wir von draußen kommen und die Bühne überqueren, nehmen wir die Kopfbedeckung ab, ein Akt der Demut und ein stummer Tribut an verstorbene Schauspieler, die vor uns auf dieser Bühne gewirkt haben.

Ein anderer Aberglauben ist, daß es für eine Inszenierung Unglück bringt, wenn ein Schauspieler oder der Regisseur von der Bühne über die Rampe in den Zuschauerraum springt. Dafür gibt es eine ganz einfache Erklärung: In vielen Theatern werden außer dem Schauspiel auch Opern gespielt. Für die Oper haben die Theater einen Orchestergraben, der auch schon mal offenbleibt, und da ist es vorgekommen und kommt leider immer noch vor, daß sich jemand vier Meter tiefer zwischen den Notenständern wiederfindet.

Es ist interessant, daß der Theateraberglaube nicht einheitlich ist. Mitunter ändert er sich von Theater zu Theater. Wenn Sie einmal an ein Theater neu verpflichtet werden, erkundigen Sie sich, ob es dort besondere abergläubische Bräuche gibt, und halten Sie sich daran, auch wenn sie noch so absurd erscheinen.

In Frankreich zum Beispiel sollte man das Wort ›corde‹ für Seil unbedingt vermeiden, was sicher darauf zurückgeht, daß sich verzweifelte Schauspieler im Theater wohl schon mal erhängt haben, wahrscheinlich wegen schlechter Kritiken. Auch sollte man dort nicht Nelken verschenken, die für die Franzosen Friedhofsblumen sind. Ich habe selbst schon bei französischen Gastspielen bei uns Schauspielerinnen die Nelkensträuße, die man ihnen am Ende überreicht hatte, in die Ecke feuern sehen. Es ist in Frankreich auch ganz unmöglich, im

Theater oder heutzutage auch beim Film in einem violetten Kleid aufzutauchen. Bei den Italienern ist grün die Unglücksfarbe. Bei den Engländern ist es verpönt, Shakespeares Drama MACBETH beim Namen zu nennen. Man spricht von ›The Scottish play‹, dem ›Schottischen Stück‹, und jeder weiß, was gemeint ist.« –

Domin machte eine Pause, dann glaubte er wohl, uns genügend belehrt zu haben, und er wollte wissen, ob wir Fragen an ihn hätten. Einer von uns fragte, was nach seiner, Domins Meinung, die wichtigste Eigenschaft für einen Schauspieler sei, und wieder gab Domin eine erstaunliche Antwort: »Eine eiserne Gesundheit. Der Schauspieler ist ein Athlet, das ist nichts für Schwächlinge.«

Die nächste Frage erlaubte ich mir zu stellen: Woran man denn merke, ob man genügend begabt sei.

»Das ist ganz einfach«, antwortete Domin, »wenn die Kollegen Ihnen nach einer Premiere nicht mehr anerkennend auf die Schulter klopfen, können Sie davon ausgehen, daß Sie so begabt sind, daß man Sie fürchtet oder beneidet.«

Drei Jahre später stand ich in meiner ersten großen Rolle neben Domin auf der Bühne der Kammerspiele. In der amerikanischen Komödie DER REGENMACHER von Richard Nash durfte ich die komische Rolle des Jimmy spielen – eine große Ehre und Chance zugleich, denn diese Rolle wurde in Berlin von Klaus Kammer, in Hamburg von

Hanns Lothar gespielt –, August Everding führte seine erste Regie, Domin war mein Vater, Horst Tappert mein böser Bruder, auch die übrige Besetzung war hochkarätig: Robert Graf, Rosel Schäfer, Arno Assmann, Josef Offenbach ... Bei den Proben war Domin sehr streng mit mir. Als ich ihn einmal »hängen« ließ, das heißt mit meinem Text nicht gleich zur Stelle war, schaute er mich todernst an und sagte durch die Nase: »Wenn wir jetzt Artisten im Zirkus wären, läge ich tot in der Manege.«

In der Generalprobe geschah etwas Merkwürdiges. Ich hatte eine Szene mit Horst Tappert vorne auf der Bühne, während Domin hinten am Herd mein Frühstück zubereitete: sechs Spiegeleier. Während dieser Szene begann das Publikum zu lachen, und ich war erst einmal recht geschmeichelt: »Aha, ich komme an.« Doch dann wurde das Lachen lauter als mein Text, und mir kam der Verdacht, daß es doch nicht mein komisches Spiel war, das die Leute so erheiterte. Ich schaute mich um und sah, wie Domin mit der Hand voll in das Salzfaß griff und, den Zerstreuten spielend, ganze Händevoll Salz auf die für mich bestimmten Spiegeleier streute. –

Ich war wütend und enttäuscht. Wie konnte Domin mir das antun?! Ich sann auf Revanche. In der Premiere trieb Domin das gleiche Spiel. Das Publikum war begeistert über diesen Gag auf meine Kosten. Wenig später in der gleichen Szene nahm ich all meinen Mut zusammen. Während Domin auf der Vorderbühne mit Tappert weiterspielte, aß ich die Spiegeleier, so war's probiert, doch fügte ich meiner Mimik soviel Salz zu, wie Domin über die Spiegeleier gestreut hatte, und ich war dabei sicher alles andere als dezent: Das Publikum geriet aus dem Häuschen, bis Domin sich plötzlich umdrehte und mich in voller Aktion erwischte, als ich nämlich gerade die Pfanne mit den versalzten Eiern in den Abfalleimer kippte. Das Publikum jubelte, aber mir rutschte das Herz in die Hose bei dem Gedanken an Domins Reaktion, die nachher gewiß fällig war. Das ganze Stück über betrat ich unsere gemeinsame Garderobe nicht mehr, und auch hinter den Kulissen ging ich ihm tunlichst aus dem Wege.

Auf der Bühne hatte das Publikum mich in sein Herz geschlossen. Was immer ich tat, es hagelte Lacher und Szenenapplaus, aber mit jeder dieser Reaktionen wuchs meine Angst vor Domin. Die Premiere wurde ein Riesenerfolg, und erst beim Schlußapplaus, so war es arrangiert, stand ich neben ihm. Als der Vorhang sich zum letzten Male gesenkt hatte, erwartete ich das Gewitter, das sich unfehlbar auf meinem Haupt entladen mußte: Ich zog den Kopf ein, denn ich war selbst auf Ohrfeigen gefaßt. Da spürte ich Domins Hand an meinem Ohrläppchen, er drehte mich zu sich hin, nahm meinen Kopf zwischen beide Hände und küßte mich auf die Stirn.

Das Wirtshaus im Spessart

Seit Jahrzehnten finden im oberhessischen Bad Hersfeld alljährlich Theaterfestspiele statt. Kaum ein Theaterstar der letzten drei Generationen, der nicht in Bad Hersfeld ein Gastspiel gegeben hätte, und für viele Schauspieler ist der Spielsommer in dem reizvollen Städtchen an den nördlichen Ausläufern der Rhön eine ideale Verbindung von angenehmen Ferien und solidem Geldverdienen während der Sommerpause, der sogenannten Sauregurkenzeit des Theaters. Außerdem gilt der Spielort, die romanische Stiftsruine Bad Hersfelds, als eine der schönsten Freilichttheater Europas, durchaus mit Epidaurus, Avignon oder Taormina vergleichbar.

Nur in einer Beziehung schneidet Bad Hersfeld im Vergleich mit jenen Spielstätten schlecht ab: während jene südlichen Orte im Sommer wettersicher sind, wird Bad Hersfeld nicht selten von massiven Regenfällen heimgesucht, von denen die

Zuschauer, zumindest in den letzten zwei Jahrzehnten, durch eine eindrucksvolle Zeltdachkonstruktion verschont bleiben, denen die armen Mimen jedoch ungeschützt ausgesetzt sind. Ich möchte den Alkohol nicht in Schutz nehmen, doch die angebliche Wirkung desselben gegen Erkältungen war sicher ein willkommener Anlaß für den Konsum aller Arten von geistigen Getränken während und vor allem nach den Theatervorstellungen.

Die folgende Geschichte klingt zu unglaublich, als daß sie erfunden sein könnte. Zwei sonst nicht für exzessiven Alkoholgenuß bekannte Schauspieler – die beiden mögen mir die Indiskretion verzeihen –, der später als Professor Brinkmann in der SCHWARZWALDKLINIK populär gewordene Klaus-Jürgen Wussow und einer meiner Mitstreiter im GROSSEN BELLHEIM, Hans Korte, spielten vor Jahren die beiden Hauptrollen in Jean Anouilhs Schauspiel BECKET ODER DIE EHRE GOTTES, jenem damals beliebten und viel gespielten Stück von der Freundschaft, dann tödlichen Feindschaft zwischen Thomas Becket und seinem König, Heinrich II. von England.

Es war an einem außergewöhnlich warmen Montagabend im Juli. Der Montag war nun für alle trinkfreudigen Gäste Bad Hersfelds ein Trauertag, denn alle Gasthäuser und Bars blieben am Montag geschlossen.

Unsere beiden Helden hatten wie immer brillant ihre Rollen absolviert, der Theaterabend war erfolgreich, aber besonders schweißtreibend zu Ende gegangen, Grund genug für unsere beiden, ihrem Körper Flüssigkeit zuzuführen, was erst einmal in Form von einigen Gläsern Bier in der Theaterkantine geschah. Als der Kantinenwirt gegen Mitternacht den Hahn abdrehte, war der Durst der beiden keineswegs gelöscht. Sie zogen los, klopften vergeblich an die Türen einiger Kneipen und entschlossen sich dann, es in einem Nachbarort zu versuchen, der vielleicht jenen barbarischen Brauch der Montagsschließung nicht kannte.

Sie nahmen also Kortes alten Ford und fuhren los. Doch auch im ersten Nachbarort fanden sie erloschene Bierreklamen, dunkle Fenster und verschlossene Türen, so auch im nächsten und in allen folgenden. Irgendwann schlossen sie logisch, daß wohl, zumindest in ganz Oberhessen, der Montag der übliche oder gar gesetzliche Ruhetag war und daß die einzige Möglichkeit, diesem Schicksal auszuweichen, darin lag, es in einer Nachbarprovinz zu versuchen.

Sie fuhren also nicht ziel-, aber richtungslos durch die Nacht, kamen bald auf eine Hauptstraße, Korte ließ den Wagen laufen, während Wussow nach einem vielversprechenden Licht oder Schild Ausschau hielt. So sausten sie sicher über eine Stunde lang durch eine unbekannte, finstere Gegend, der einzige Anhalt war ein Straßenschild, das auf den Spessart hinwies. »Spessart!« rief Wussow. »Wenn wir im Spessart sind, dann muß doch irgendwo das berühmte Wirtshaus vorbeikommen!«

Das sollte ein Scherz sein, aber tatsächlich zeigten kurz darauf bunte Wegweiser ein solches Wirtshaus an, und wenig später erschien tatsächlich zu ihrer Rechten ein erleuchteter kleiner Landgasthof. Sie bogen von der Straße ab, Korte brachte den Wagen auf dem kiesbestreuten Hof zum Stehen, doch im gleichen Augenblick erloschen die Lichter in der ebenerdigen Gaststube. Aber die Tür war offen, und sie standen im Hausflur dem Wirt gegenüber, der ihnen mitteilte, daß er gerade dabei wäre zu schließen. War es nun die Tatsache, daß der Wirt den nicht ganz unbekannten Wussow erkannte, wie dieser später behauptete, oder war es vielmehr die abenteuerliche Geschichte ihrer nächtlichen Irrfahrt, die Korte erzählte, jedenfalls lud sie der Wirt ein, in die Gaststube zu treten, machte wieder Licht, räumte die Stühle von einem der Tische und bewirtete die beiden mit dem besten Wein, den das Haus zu bieten hatte. Er ließ sich auch nicht lange bitten mitzutrinken. Im Gedächtnis aller Beteiligten ist sehr wenig oder gar nichts vom Rest der Nacht erhalten. Sicher ist, daß an eine Rückfahrt zu so später oder vielmehr früher Stunde, denn es war schon heller Morgen draußen, nicht mehr zu denken war und daß die beiden Freunde das Anerbieten des Wirts, ihren Rausch in einem der Gästezimmer im ersten Stock auszuschlafen, gerne annahmen.

Als Wussow als erster blinzelnd die Augen öffnete, erschien ihm das Licht hinter den karierten Vorhängen nicht als sommerliches Tageslicht. Es sah verdammt nach Dämmerung aus. Ein großer Schreck durchfuhr ihn, und er weckte Hans Korte, was nicht einfach war. Auch der hatte keine Uhr, und so stand Wussow auf und machte sich auf die Suche nach dem Hausherrn. Den fand er hinter der Theke, er bediente Gäste und erkundigte sich fürsorglich nach seinem Zustand. Wussow deutete vielsagend auf seinen Brummschädel und fragte nach der Uhrzeit, und als der Wirt ihm mitteilte, daß es kurz nach acht wäre, wollte Wussow wissen, ob er acht Uhr morgens oder abends meine. Der Wirt lachte schallend: »Es war ja schon fast acht am Morgen, als du und Hans ins Bett gefunden habt.« Wussow fühlte, wie ihm die Knie weich wurden. »Wie weit ist es bis Bad Hersfeld?« – »Wenn ihr schnell fahrt, eineinhalb Stunden. Über die Autobahn ist's schneller, aber weiter.«

Wussow wurde mit einem Schlag nüchtern: Sie würden es zur Vorstellung nicht schaffen, die um halb neun anfing. Er dachte an die rund 1 800 Zuschauer, die sich in diesem Augenblick sicher schon in der Stiftsruine eingefunden hatten. Eine Katastrophe, ganz abgesehen von der saftigen Konventionalstrafe und dem Eklat in der Presse! Da trat auch Hans Korte in die Gaststube. Der wollte nun überhaupt nicht glauben, was ihm Wussow und der Wirt erzählten. Er nahm es für einen Scherz, zog nicht nur die Abendstunde, sondern auch den Wochentag in Zweifel, sie hätten Vorstellung in Bad Hersfeld, und er, Hans Korte, hätte noch nie eine Vorstellung versäumt, also könne es unmöglich Dienstagabend acht Uhr sein. Da habe er recht, sagte der Wirt, es sei in der Tat nicht Dienstag, sondern Mittwoch abend. »Mittwoch? Nicht Dienstag abend?« fragten beide entsetzt. Statt einer Antwort legte der Wirt eine Tageszeitung auf den Tresen und schlug mit der flachen Hand auf die Stelle, wo Datum und Wochentag standen: Kein Zweifel, es war Mittwoch, der 28. Juli! Sie hatten die Dienstagvorstellung verschlafen!!!

Mit hängenden Köpfen und kleinlaut geworden machten sich die beiden auf den Weg zurück nach Bad Hersfeld. Wenn sie auch heute, am Mittwochabend, keine Vorstellung hatten, so mußten sie doch mit dem Festspieldirektor über den gestrigen Tag sprechen, sich entschuldigen und versuchen, den entstandenen Schaden und die sich daraus ergebenden Folgen durch zur Schau gestellte Zerknirschung und Reue in Grenzen zu halten.

Bei der Stiftsruine angekommen, hörten sie die hallenden Stimmen der Kollegen auf der Bühne, das Lachen des Publikums, und sie fühlten sich noch elender und verzweifelter, als sie in das Festspielbüro traten. Die Chefsekretärin blickte die beiden erstaunt an und fragte, ob sie ihnen behilflich sein könne.

»Wir müssen mit dem Chef sprechen«, sagten beide unisono.

»In welcher Angelegenheit? Vielleicht kann *ich* Ihnen helfen, denn der Herr Intendant hat eine Besprechung, die dauern könnte.«

Korte und Wussow schauten einander betroffen an.

»Es geht natürlich um gestern abend, um den BECKET.«

»Ja?« fragte die Sekretärin. »Was war mit dem BECKET?«

»Wir wollten gerne wissen, was gestern gespielt wurde, anstatt...«

»BECKET natürlich«, kam die Antwort.

»Sie meinen, es wurde BECKET gespielt? Sie haben nicht ein anderes Stück angesetzt, wenn das überhaupt möglich war, so kurz vor der Vorstellung...« –

»Ich verstehe Sie nicht«, wunderte sich die Sekretärin, »es wurde BECKET gespielt!«

»Ja, von wem denn? Sie konnten doch unsere beiden Rollen nicht so schnell umbesetzen!«

»Wieso umbesetzen? Warum denn umbesetzen, um Himmels willen?« Die Sekretärin verstand gar nichts mehr.

»Ja, wer hat denn dann gespielt?« schrie Korte fast.

»Sie natürlich! Sie beide haben gespielt!«

Nach einer langen Pause fragten beide, ob sie sich einen Augenblick hinsetzen könnten.

»Natürlich, bitte nehmen Sie doch Platz. – Ach, jetzt verstehe ich, warum Sie den Herrn Intendanten sprechen wollten: Meine Tochter war nämlich gestern in der Vorstellung, und sie hat mir erzählt, daß Sie beide in einer ernsten Szene hätten lachen müssen. Aber das kann ja schon mal passieren. Ich kenne genug Schauspieler, die sich da nicht beim Intendanten entschuldigen würden...«

Es war nicht einfach, zu rekonstruieren, was sich abgespielt hatte. Unsere beiden Helden hatten in den Tag hinein geschlafen, zu kurz, um ihren Mordsrausch loszuwerden, waren am Dienstag nachmittag nach Bad Hersfeld zurückgefahren, hatten immer noch betrunken, aber ohne größere Pannen, die Vorstellung gespielt, danach die Erinnerung an die vergangene Nacht so hinreißend gefunden, daß sie sich entschlossen, wieder zu jenem Wirtshaus im Spessart zurückzukehren. Wiederum hatten sie dort mit dem sympathischen Wirt eine feuchtfröhliche Nacht verbracht, waren am folgenden Mittwochabend aufgewacht und hatten die Erinnerung an die Vorstellung, die sie gespielt hatten, total verloren.

Als ich vor einigen Jahren das Vergnügen hatte, mit Korte zusammen im GROSSEN BELLHEIM zu arbeiten, ergriff ich eines Tages die Gelegenheit nachzufragen, ob besagte Geschichte sich tatsächlich so ereignet hätte. Korte ließ sich von mir die Version erzählen, die ich gehört hatte und hier wiedergegeben habe. Als ich zu Ende war, lächelte er und bestätigte mir, daß sie sich bis auf ein kleines Detail genauso abgespielt hätte: Als sie nämlich nach der »bewußten« Nacht aufwachten, wäre es nicht Mittwoch, sondern Donnerstag gewesen!

Magie

Wenn die Zuschauer beim Film oder beim Fernsehen feststellen, daß eine Wand sich bewegt, ein Mikrofon im Bildausschnitt erscheint, an einem Kostüm- oder Uniformdetail ein Fehler begangen wurde, gibt es unweigerlich Protestschreiben: Da hat ja etwas nicht gestimmt! Der Film verliert seine Authentizität, das Fernsehen seine Glaubwürdigkeit.

Wie anders beim Theater! Da darf die Dekoration wackeln, wenn eine Tür ins Schloß fällt, da darf eine ganze Wand an einem Zimmer fehlen, jene berühmte vierte Wand, durch die die Zuschauer hineinsehen, und doch ist die Wirkung beim Theater ungleich größer, der Theaterzuschauer spielt bei diesem falschen Spiel mit, er akzeptiert einen Baum als einen ganzen Wald, ein halbes Dutzend Soldaten als eine ganze Armee, von der Sprache ganz zu schweigen, da läßt er sich von einer gehobenen Sprache, von Versen und Reimen betören, und in der Oper gar darf ein sterbender Held noch lange und strahlend singen, und keiner ruft dazwischen: »Das gibt es doch nicht!«, im Gegenteil, es werden mehr echte Tränen vergossen als im wahren Leben.

Dieser Unterschied zwischen dem Theater auf der einen Seite, Film und Fernsehen auf der anderen, hat mich immer schon fasziniert. Ich erinnere mich einer Begebenheit auf der Bühne, die mir die magische Kraft des Theaters besonders deutlich gemacht hat. Ich spielte in einer Tourneeinszenierung von Tennessee Williams Stück ENDSTATION SEHNSUCHT den Stanley Kowalski. Meine Partnerin als Blanche Dubois war Hannelore Schroth, inszeniert hatte Paul Verhoeven.

Nun gab es bei dieser Tournee einen Lastwagenfahrer, der die Theaterdekoration Nacht für Nacht zum nächsten Spielort transportieren mußte. Bemerkenswert ist, daß dieser Fahrer sich mit der Figur des Stanley Kowalski identifizierte, da er auch aus Polen stammte und sich für den eigentlichen, richtigeren Stanley hielt. Ich spielte ihn zwar, er aber war Stanley Kowalski! Er trieb dieses Spiel so weit, daß er Abend für Abend in den Kulissen des Theaters stand und sich das Stück immer und immer wieder anschaute. Wenn wir uns schon einmal an einem Nachmittag in der jeweiligen Stadt trafen, begrüßte er mich unweigerlich mit einer Textstelle des Stanley. Wir anderen mokierten uns ein wenig über ihn und machten Scherze darüber, daß er nur darauf wartete, daß mir etwas zustieß, um an meiner Stelle als Stanley einzuspringen. –

In dem Stück gibt es eine Szene, in der Blanche ihren Kavalier Mitch, gespielt von meinem unvergessenen Freund Benno Sterzenbach, bei der Rückkehr in Stanleys Wohnung bittet, einen chinesischen Lampion über eine Lampe mit einer nackten elektrischen Glühbirne zu hängen, da sie, Blanche, das helle, brutale Licht nicht ertragen könne.

»Ich mag keinen Realismus«, sagt Blanche an dieser Stelle, »was ich will, ist – MAGIE! Jawohl! Ja, Magie! Die will ich den Menschen geben! Deshalb stelle ich die Dinge anders dar, als sie sind. Ich sage nicht die Wahrheit, nicht was ist, sondern was sein sollte. Und wenn das eine Sünde ist, dann will ich dafür verdammt sein!« Daraufhin hängt Mitch den bunten Lampion über die Lampe an der Wand.

Eines Abends nun drehte sich Sterzenbach mit dem Lampion in der Hand um zu jener Lampe, aber – die Lampe war nicht da! Benno stand ratlos mit seinem Lampion vor der Wand und wußte nicht, wohin damit. In diesem Augenblick sah er einen Zeigefinger, der durch das Loch gesteckt wurde, durch welches normalerweise das elektrische Kabel für die Lampe lief. Der Zeigefinger bewegte sich ein paarmal, um Bennos Aufmerksamkeit zu erregen, und blieb dann zum Haken gekrümmt im Loch stecken. Benno ergriff erleichtert diesen Rettungsanker, er hängte seinen Lampion an den Fingerhaken, und die Szene konnte weitergehen. Während des ganzen Aktes stand nun unser braver Lastwagenfahrer – denn er war, so hat der Leser richtig geraten, der Besitzer jenes rettenden Zeigefingers – hinter der Kulissenwand und hielt mit seinem Finger den Lampion.

Nach der Vorstellung tobte Benno Sterzenbach wegen der Panne:

»Ausgerechnet heute abend mußte so eine blamable Sache passieren. Denn gerade heute waren gute Freunde und ein wichtiger Theatermann in der Vorstellung!« Er, Benno, wisse gar nicht, wie er den Freunden und jenem bedeutenden Regisseur nach der Vorstellung unter die Augen treten könne.

Er tat es dennoch. Betreten entschuldigte er sich, daß ausgerechnet heute diese Panne mit der Lampe passiert wäre, eine Katastrophe! Verwundert fragten die Freunde und der Regisseur unisono:

»Welche Lampe?«

»Die Lampe, die Lampe, über die ich den chinesischen Lampion hängen sollte!« schrie Benno verzweifelt. »Und sie war nicht da, heute abend!«

»Aber Benno, was sagst du denn da? Natürlich war die Lampe da! Du hast doch selber den Lampion darüber gehängt!«

Sie alle, vermutlich das ganze Publikum, hatten die Lampe gesehen. Der Regisseur erbot sich sogar, die Lampe zu beschreiben, ja, zu zeichnen...

Der Commendatore

Luigi Amato war noch einer jener Filmproduzenten »di vecchio stampo«, wie die Italiener sagen, von altem Schrot und Korn, und in der Branche wußten alle, wer gemeint war, wenn von »Il Commendatore« die Rede war – im immer noch titelsüchtigen Italien ein offizieller Titel, der etwa unserem früheren Kommerzialrat entspricht –, so wie jeder in Italien weiß, daß zum Beispiel mit »l'Avvocato« der FIAT-Boss Gianni Agnelli, mit »Il Cavaliere« der Medienboß Silvio Berlusconi und mit »Il Professore« der neue Premier Romano Prodi gemeint sind.

Luigi Amato war das, was man später »engagiert« nannte, ein Wort, das er nicht geliebt hätte, er machte Kino aus Leidenschaft, dabei war es ihm nicht immer wichtig, ob seine Filme kommerziell waren, solange sie für ihn »Kintopp« darstellten, professionell gemachtes Kino. Am Premierentag eines seiner Filme stand er schon mittags an der Kinokasse, sah sich ein- oder zweimal den Film an, beobachtete die Reaktionen der Zuschauer und ging um sechs Uhr abends noch einmal in sein Büro. Er rief alle, die an dem Film in wichtigen Positionen beteiligt waren, an und gab seine Analyse, und er irrte sich nie. Er sagte genau die Besucherzahlen und den finanziellen Gewinn oder Verlust voraus, wußte immer, was richtig oder schlecht an der Arbeit jedes einzelnen war, und viele fürchteten natürlich sein erbarmungsloses Urteil. War der Film aber so, wie er ihn sich vorgestellt hatte, lud er die Beteiligten ein und feierte dann, wie nur er feiern konnte.

»Il Commendatore« war ein leidenschaftlicher Trinker guter Weine, aber er betrank sich nie. Seine Gewinne investierte er immer gleich in neue Filme, oder – er verspielte sie. Denn Luigis heimliche und vielleicht größte Leidenschaft war das Glücksspiel. Auffallend oft spielte sich die Handlung seiner Filme an Orten ab, die ein Spielkasino besaßen oder zumindest in möglichst unmittelbarer Nähe eines solchen lagen.

Luigi Amato war als guter Kunde in allen italienischen Spielkasinos bekannt, auch in denen der Côte d'Azur ging er ein und aus, und er kannte die Vornamen aller Türsteher und Chefcroupiers. Eines Abends betrat der Commendatore allein das Casino auf Venedigs Lido. Im Laufe der ersten zwei Stunden spielte er Roulette, gewann und verlor mäßig, bis er bei einem Spiel, als der Croupier gerade ansagte: »Huit noir pair et manque« und die Chips von den Feldern der nicht gewinnenden Zahlen abräumte, auf die 8 zeigte und mit eisigem Gesicht den Croupier anfuhr:

»Ich hatte die 8 plein gesetzt! Ich warte auf meinen Gewinn!« Der Croupier stammelte bedauernd:

»Commendatore, Sie müssen sich irren. Auf der 8 gab's keinen Chip, tut mir leid.« Doch Luigi bestand auf seinem Gewinn, der Chefcroupier wurde befragt, auch der hatte nicht gesehen, daß die 8 besetzt war. Die Stimmung wurde gespannt. Da stand Luigi auf und sagte ruhig, aber so laut, daß sich alle Augen im Saal auf ihn richteten:

»Ich werde jetzt an die Bar gehen und dort auf Kosten des Hauses eine Flasche Champagner trinken. Bevor ich sie ausgetrunken habe, erwarte ich, daß mir mein Gewinn auf einem silbernen Tablett an die Bar gebracht wird.« Sprach's und ging nach einem freundlichen Kopfnicken zu den Croupiers zur Bar hinüber.

Es begann ein aufgeregtes Tuscheln, der Saalchef wurde gerufen, dann verschwanden Chefcroupier und Saalchef im Büro des Direktors, und während Luigi an der Bar in aller Ruhe seinen Champagner schlürfte, muß es im Direktionsbüro eine heiße Diskussion gegeben haben. Sicher bedachte man den Status des alten Kunden Amato, die Gewinnsumme war allerdings kein Pappenstiel zu jener

Zeit, als die Lira noch etwas wert war, und als die beiden aus dem Büro des Direktors traten, hatten sie rote Köpfe. Einer der Kassendiener ging mit einer Zahlungsanweisung zur Kasse und trug auf beiden Händen den Gewinn, einen ansehnlichen Stapel jener damals noch überdimensional großen Banknoten, zu Luigi an die Bar.

Der hatte gerade die zur Neige gehende Flasche seines Dom Pérignon geprüft, drehte sich zu dem Angestellten um, sah den Geldstapel und schlug unter die Hände des zitternden Dieners, so daß die Geldscheine in die Luft flogen und wie betrunken auf den Parkettboden segelten.

»Auf einem silbernen Tablett, habe ich gesagt!« zischte Luigi gefährlich ruhig.

Der arme Angestellte riß einem vorbeieilenden Kellner das Tablett vom Handteller, schob die darauf stehenden Speisen auf die Bar und machte sich daran, die Geldscheine einzusammeln und auf das Tablett zu stapeln. Als er damit fertig war, richtete er sich auf und hielt dem Commendatore das Tablett unterwürfig hin. Der fischte ein paar der großen Scheine von dem Tablett, steckte sie in die Brusttasche des Kasinodieners und sagte: »Folgen Sie mir!«

Dann durchquerte er den Saal, der Angestellte mit roten Ohren und dem Tablett hinter ihm her. Als Luigi bei dem Roulette-Tisch, an dem er gespielt hatte, ankam, wurde es vollkommen still im

Saal. Jemand rückte Luigi einen Stuhl hin, doch der setzte sich nicht, sondern nahm dem Bankdiener das Tablett aus der Hand, kippte das ganze Geld auf den Spieltisch und sagte in die Stille hinein:

»Pour les employés, für die Angestellten«, tippte mit dem Zeigefinger an die Krempe eines nicht vorhandenen Hutes und spazierte mit einem fröhlichen »Buona sera!«, begleitet von einem bewundernden Raunen, das nun unter Spielern und Kiebitzen einsetzte, zur Tür, die ihm der Angestellte aufhielt. Dem fischte der Commendatore mit zwei spitzen Fingern einen der großen Geldscheine aus der Brusttasche und gab ihn dem Türsteher:

»Carlo, meinen Wagen!«

Als Produzent galt Luigi Amato unter seinen Untergebenen und Mitarbeitern als launisch und unberechenbar. Während die einen ihn als großzügig lobten, klagten andere über seine Zahlungsmoral. Einem Schauspieler, der für ihn einen Film im Ausland drehte, hatte er die wöchentlich anfallenden Zahlungen per Scheck zur Bank geschickt. Als der Schauspieler nach Monaten zurückkam, fand er nicht eine einzige der fälligen Raten auf seinem Konto. Der Bankangestellte präsentierte ihm lediglich fünfzehn ungedeckte Schecks mit Luigi Amatos Unterschrift. Der aufgebrachte Mime verlangte den Direktor zu sprechen und wollte

Auskunft darüber, wieso man die Schecks zurückgehalten und nicht zu Protest hatte gehen lassen. Der Bankmensch gab zu bedenken, daß der Commendatore zwar ein oft schwieriger, aber doch bedeutender Kunde der Bank sei, bei dem man sich einen solchen Schritt sehr überlegen müsse, zumal der Betrag der fünfzehn Schecks angesichts Amatos Kreditvolumens eine Bagatelle sei. »Nicht für mich!« schrie der verzweifelte Schauspieler, nahm die ganzen Schecks und lief zu Luigis Produktionsgebäude. Als er sich endlich zum Büro des Commendatore durchgekämpft hatte und ihm gegenübersaß, tat der sehr erstaunt, rief den Buchhalter, ließ die Summe der einzelnen Schecks zusammenrechnen, zerriß diese in kleine Schnipsel und stellte einen einzigen Scheck über die *ganze* Summe aus. Den übergab er dann dem Schauspieler mit einer großzügigen Geste. Der bedankte sich besänftigt und reichte den neuen Scheck bei seiner Bank zum Inkasso ein. – Wenige Tage später stellte sich jedoch heraus, daß auch dieser Scheck nicht gedeckt war. Wütend stürmte der arme Mime erneut in Luigis Büro, den ungedeckten Scheck schwenkend, und setzte zu empörtem Protest an. Doch Luigi kam ihm zuvor: »Nicht in diesem Ton, bitte!«

Beherrscht versuchte der Schauspieler sich über den »wertlosen« Scheck zu beschweren, doch Luigi unterbrach ihn: »Nennen Sie meinen Scheck nicht wertlos! Schecks mit meiner Unterschrift sind nicht wertlos!« Der Schauspieler versuchte zu protestieren:

»Aber wenn sie nicht gedeckt sind ...« Wieder fuhr ihm Luigi in die Parade:

»Wenn Sie einen Straßenbahnfahrschein lösen und nicht in die erste vorbeikommende Bahn hineinkommen, weil der Wagen hoffnungslos überbesetzt ist, dann ist das unangenehm, zugegeben. Aber laufen Sie dann auch in die Geschäftsstelle der Straßenbahngesellschaft und behaupten, der Fahrschein sei ungültig? – Natürlich nicht, mein Lieber! Sie warten auf die nächste Straßenbahn, nicht wahr?«

Der V-Effekt

In den fünfziger Jahren waren wir jungen Schauspieler alle begeisterte Brechtianer. Das KLEINE ORGANON FÜR DAS THEATER, in dem Brecht seinen V-Effekt erklärte, den Verfremdungseffekt, wurde unsere Bibel. Der Schauspieler sollte sich nicht mehr mit seiner Rolle identifizieren, sondern kontrollierend neben ihr stehen und mit innerlich erhobenem Zeigefinger dem Publikum die Aussage des Textes aufzeigen. Mit dieser Theorie wollte Brecht gegen das »aristotelische Gefühlstheater« der alten Klassiker und den kraftmeierischen Expressionismus der zwanziger Jahre zu Felde ziehen. In seinen Stücken sollte nicht mehr gefühlt, sondern nachgedacht, gelernt werden.

Ich hatte meine Schwierigkeiten mit dem epischen Theater Brechts. Auf der Schauspielschule hatte ich bei der in jedem Quartal fälligen Zwischenprüfung, die aus dem Vorsprechen der inzwischen einstudierten Rollen bestand, gemerkt, daß ich die Mitglieder der Prüfungskommission, deren Vorsitzender der Intendant der Kammerspiele Hans Schweikart war, mit Brechtszenen im V-Effektstil, aus dem GALILEI etwa, nicht beeindrucken konnte, während mir nicht entging, daß etwa die Sterbeszene der Mutter Aase in Ibsens PEER GYNT so »ankam«, daß Schweikart bei der nächsten Prüfung, als ich wieder zur Sterbeszene der Mutter ansetzte, mich unterbrach und rief:

»Hören Sie auf, Adorf, Sie wollen uns ja nur wieder zum Weinen bringen!«

Ich nahm dies als Lob, denn ich meinte, daß es auf dem Theater das Schönste wäre, das Publikum zum Lachen oder zum Weinen zu verführen.

Mein Kollege und Freund Robert Graf hätte das als billig und effekthascherisch bezeichnet. Er hatte mich in Brechts »episches Theater« eingeführt. Graf war das Muster eines intellektuellen Schauspielers, außerordentlich vielseitig gebildet, musikalisch, blitzgescheit und atheistisch. Er konnte an einem Abend ohne Mühe und mit der gleichen profunden Sachkenntnis über Karl Marx, ökologischen Gartenbau, Cool Jazz, expressionistische Malerei, Fußball und Brechts erotische Lyrik diskutieren. Als Schauspieler war er kühl, fast leidenschaftslos und doch überzeugend durch seine analytische Kompetenz und seine geistige Klarheit.

Nach dem 17. Juni 1953, dem Ostberliner Aufstand, wurde Brecht im Westen für einige Jahre boykottiert, und seine Stücke wurden nicht mehr aufgeführt, bis Harry Buckwitz in Frankfurt wieder den Anfang machte. Die Münchner Kammerspiele zogen nach. Brecht selbst sollte bei uns sein Stück DER GUTE MENSCH VON SEZUAN inszenieren. Er wurde aber krank. So probierten wir zunächst unter Hans Schweikarts Regie und warteten auf Brecht wie Becketts Wladimir und Estragon auf Godot. Robert Graf spielte den Arbeiter, der das schöne LIED VOM RAUCH singt, ich durfte nur kurz als der Kellner in der Hochzeitsszene auftreten und mit der großen Therese Giehse eine Handvoll Textworte wechseln.

Als Brecht endlich, gebrechlich auf Helene Weigel gestützt, auftauchte, war das Stück so gut wie fertig inszeniert. Brecht sollte nur noch letzte Hand an die Regie legen. Nachdem er sich eine Probe angesehen hatte, hieß es: »Alle Mitwirkenden zur Kritik in den Zuschauerraum.« Das war ungewöhnlich, und Schweikart klärte uns auf: »Der Brecht möchte euch einiges sagen, aber er kann nicht laut reden. Kommt also alle ruhig näher zu uns. Näher, noch näher, nun kommt doch schon näher, der Brecht frißt euch nicht!«

Wir rückten also schüchtern und ehrfurchtsvoll ganz nahe an den Meister heran, der mit leiser, eindringlicher Stimme seine Kritik begann:

»Leider merke ich, daß ihr alle mein ORGANON gelesen habt. Aber Kinder, das ist doch alles Unsinn! Das ist doch nicht für euch! Ihr seid doch guuut! Darum habt Spaß, habt Freude am Spielen, und vergeßt den ganzen Vorzeigequatsch, den ich da mal geschrieben habe!«

Wir saßen alle wie gelähmt da, so groß war der Schock. Für uns stürzte ein ganzes Glaubensgebäude zusammen. Es war, als hätte der Papst ex cathedra verkündet, daß Jesus ein Sohn des Herodes und das ganze Christentum ein Irrtum wäre. Ich saß neben Robert Graf und schaute ihn an. Vielleicht erriet er, daß ich von ihm eine Erklärung für Brechts »Widerruf« erwartete. Er beugte sich zu mir und flüsterte:

»Typische Alterserscheinung. Der Atheist, der auf dem Totenbett nach dem Pfaffen verlangt.«

Die Geschichte vom O

Paul Kohner war einer der großen Agenten Hollywoods. Er hatte zu Beginn der dreißiger Jahre eine Schauspieleragentur am Sunset Boulevard Nr. 9169 eröffnet und wurde später der »Magier vom Sunset Boulevard« genannt. Er stammte aus Böhmen, hatte in seinen frühen Jahren in Europa als Produzent für UNIVERSAL gearbeitet und Größen wie Maurice Chevalier oder Charles Boyer nach Hollywood geholt und zu Weltstars gemacht. Als Agent hatte er sich der Entdeckung europäischer Regisseure und Filmstars für den amerikanischen Markt verschrieben. Billy Wilder, William Wyler, John Huston, Ingmar Bergman, Max von Sydow, Liv Ullmann, Jeanne Moreau, Oskar Werner waren seine Klienten, und er holte praktisch alle deutschsprachigen Schauspieler nach Hollywood, von Senta Berger bis Maria Schell und Lilo Pulver, von O. W. Fischer bis Horst Buchholz und Klaus Kinski.

Ich hatte Kohner durch Luggi Waldleitner in München kennengelernt. Luggi hatte Rolf Thieles großen Erfolg »Das Mädchen Rosemarie« produziert, ich hatte darin die Rolle eines Bänkelsängers gespielt und mit Siodmaks NACHTS, WENN DER TEUFEL KAM, der 1958 für den Oscar als bester ausländischer Film nominiert worden war, so viel vorzuweisen, daß ich Kohner interessant genug erschien, mich nach Hollywood einzuladen. Im Herbst 1959 machte ich meinen ersten Trip in die Weltmetropole des Films.

Kohner hatte mich in einem kleinen Hotel unweit seiner Agentur untergebracht. Jeden Tag meldete ich mich in seinem Büro. Gewöhnlich traf er gegen Mittag ein, und ich mußte ihm eine Viertelstunde lang die neuesten Witze aus Europa erzählen. Irgendwann kam mir der Verdacht, daß er mich nur deswegen nach Hollywood hatte kommen lassen. In seinem Büro gingen zwar Regisseure wie William Wyler oder John Huston oder der Produzent Sam Spiegel ein und aus, nie jedoch stellte er mich diesen vor, und es dauerte Tage, bis ich herausbekam, warum Paul Kohner zwischen drei und sechs Uhr nachmittags auf keinen Fall zu sprechen war. Während dieser drei Stunden brütete er mit seinen Regisseurs- und Produzentenfreunden nicht etwa neue Filmdeals aus, sondern spielte mit ihnen Gin Rummy.

Doch ab und zu fuhr er mit mir in die großen

Studios und stellte mich zum Beispiel Walt Disney vor. Von den meisten anderen Produzenten kannte ich nicht einmal die Namen. Doch eines Tages ging er mit mir in Billy Wilders Büro im Produktionsgebäude der Mirisch Bros. Wilder bereitete gerade seinen neuen Film EINS, ZWEI, DREI nach Ferenc Molnars gleichnamiger Komödie vor. Neben James Cagney sollte Horst Buchholz die Hauptrolle spielen. Das hatte ich schon von Buchholz selbst gehört, als wir im heißen Sommer 1959 in Spanien DAS TOTENSCHIFF drehten.

Während jener ersten Tage in Hollywood saß ich nächtelang vor dem Fernseher und sah mir Filme an, um mir meinen Akzent im Englischen abzugewöhnen, und legte mir einen sicherlich grausigen Texas-Drawl zu, den ich in den alten Westernfilmen hörte. Billy Wilder begrüßte mich auf deutsch, doch ich gab mit meinem schnodderigen Amerikanisch an: »Howdy, Mr. Wilder, very honoured meetin' ye! ...« Wilder schaute mich groß an, wandte sich dann an I. A. L. Diamond, seinen Leib- und Magen-Co-Autor, und sagte:

»Ich versteh' ihn nicht, wie ist sein Englisch?« Diamond sah nicht einmal von seinem Drehbuch auf und antwortete: »Weniger deutsch als deins.« Wilder fragte mich dann:

»Können Sie denn auch einen russischen Akzent im Englischen nachmachen?« Ich mußte passen und sagte:

»Aber ich habe eine echte russische Pelzmütze. Alle sagen, damit sehe ich russischer aus als ein Russe!«

»Der Film spielt im Sommer«, erwiderte Wilder.

»Ich habe auch eine russische Sommermütze!«

Wilder lächelte nicht.

Dabei stimmte es. Ich hatte ein gutes Jahr vorher im Fernsehen den Dieb Pepel in Gorkis NACHTASYL gespielt und jene beiden Mützen meinem privaten Fundus einverleibt. Wilder sagte nur noch: »Wenn Sie einen russischen Akzent können, brauchen Sie keine Mützen.« Und schon war ich wieder draußen. Ich wartete auf Paul Kohner, der in Wilders Büro geblieben war. Als er schließlich herauskam, schmunzelte er: »Sie haben Billy ganz gut gefallen, aber nicht wegen Ihrer gelogenen Mützengeschichte, sondern weil er Sie in NACHTS, WENN DER TEUFEL KAM gesehen hat.« »Warum hat er mir das nicht gesagt?« fragte ich.

»Es ist ihm erst nachher eingefallen.«

Zurück in München, erhielt ich ein paar Monate später von Kohner das Drehbuch von EINS, ZWEI, DREI und einen Brief, in dem Wilder mir mitteilte, daß er mir die Rolle eines der drei Russen, die von Boß James Cagney die Coca-Cola-Lizenz für die Sowjetunion erwerben wollen, zugedacht hätte. Beim Lesen wurde mir ganz klar, daß die Rolle des ersten

Russen, der den meisten Text hatte, die meine war, die beiden anderen standen eher stumm herum. So war meine Enttäuschung groß, als ich erfuhr, daß ich nicht den ersten, sondern den dritten Russen spielen sollte. Den zweiten hatte man mit Ralf Wolter besetzt, und der erste sollte Leon Askin sein. Dieser Askin war ein schwammiger Typ, der in einem Danny-Kaye-Film eine ähnliche Rolle gespielt hatte, einen russischen Spion, glaube ich, der sich Danny Kaye jedesmal mit »Gromek« vorstellte, was Kaye daher für eine russische Begrüßung hielt und mit einem »Guten Gromek« beantwortete, immerhin eine wirkungsvolle Charge, die im Gedächtnis haftenblieb.

Askin war von Fritz Kortner – beide kannten sich aus gemeinsamer Emigration in den Staaten – an die Münchner Kammerspiele geholt worden, wo wir in einigen Stücken zusammen gespielt hatten. Er war eigentlich ein sympathischer Typ, als Schauspieler fühlte ich mich ihm jedoch hoch überlegen.

So ließ ich Billy Wilder durch Kohner wissen, daß ich mich außerstande sähe, den dritten Russen zu spielen, wenn »ein Leon Askin« mit dem ersten besetzt würde. Kohner versuchte, mir ins Gewissen zu reden, aber nichts zu machen, ich blieb stur, auch wenn ich mir diese Entscheidung nicht leichtgemacht hatte. Viele meiner Theaterkollegen erklärten mich für verrückt:

»Bei einem Billy Wilder trägt man ein Tablett über die Bühne, ohne Text und ohne Gage!«

Ich aber blieb bei meiner Absage. Während der Film gedreht wurde, entstand in der Nacht zum 13. August die Berliner Mauer. Diese Tatsache hatte eine verheerende Auswirkung auf den kommerziellen Erfolg des Films, er wurde zu meiner heimlichen Genugtuung ein Flop. Damals konnte niemand wissen, daß der Film 25 Jahre später ein regelrechter Kultfilm werden würde und heute als ein Meisterwerk Wilders gilt.

Sechzehn Jahre später bereitete Billy Wilder in München seinen Film FEDORA vor. Aufgrund unserer Vorgeschichte rechnete ich nicht im entferntesten mit der Möglichkeit, eine Rolle darin zu bekommen. Doch Paul Kohner rief mich eines Tages in Rom an: Wilder wolle mich kennenlernen. Aha, das hieß, daß er sich jener Absage vor sechzehn Jahren nicht mehr erinnerte.

Wir hatten uns im Hotel VIER JAHRESZEITEN verabredet, wo Wilder logierte, und trafen uns zufällig vor dem Eingang. Nach der Begrüßung ging Wilder als erster durch die Drehtür, Kohner folgte ihm, doch als ich hinter ihm her wollte, kam auf einmal Wilder nach einer schnellen Runde in der Drehtür wieder bei mir vorbei und sagte, mir im Weiterdrehen mit dem Finger drohend:

»Und nicht wieder absagen!«

So spielte ich also in FEDORA einen griechischen Hotelmanager, der sich allerdings als einfacher Portier herausstellte.

Nach einigen Tagen bestellte mich Wilder wieder in die VIER JAHRESZEITEN, um mit mir über die Rolle zu sprechen. Zu meiner Enttäuschung mußte ich feststellen, daß Wilder vorhatte, die Hotelszenen ausschließlich in der Bavaria zu drehen. Dabei hatte ich mich doch schon so auf eine Reise nach Griechenland gefreut!

Da kam mir eine Idee, wie ich vielleicht doch noch zu meiner Reise nach Korfu kommen könnte. Der Hotelportier, den ich da spielen sollte, hat in der Geschichte einige Brüder, für die man vor Ort griechische Schauspieler engagieren würde, da ihre Szenen am Hafen Korfus spielen und nicht in ein Filmatelier verlegt werden konnten, wie etwa die Halle eines Hotels. Auch könnte der Portier, wie viele mediterrane Vertreter seiner Zunft, ein noch größeres Schlitzohr als im Drehbuch sein, und so schlug ich Wilder vor:

»William Holden, der Hauptdarsteller, kommt zu dem Portier und fragt, ob er ihm nicht ein Auto besorgen könne. Darauf sagt der, daß einer seiner Brüder ein Auto hätte, kein Problem... Es folgt eine hübsche Szene mit dem Autobesitzer. Ein paar Tage später kommt Holden wieder zu dem Portier und fragt, ob er ihm nicht ein Motorboot besorgen könne. Wieder zieht der einen Bruder aus dem Ärmel. – Warum lassen Sie nun diese Brüder, die sicher jene typische Ähnlichkeit miteinander aufweisen, die man auf italienischen und griechischen Inseln findet, nicht vom gleichen Schauspieler spielen? Nämlich von mir! Der Zuschauer wird sich fragen: ›Sind das nun wirklich Brüder des Portiers, oder ist der Kerl ein solches Schlitzohr, daß er seine eigenen Brüder spielt, mal mit, mal ohne Bart‹ und so weiter... Das würde auch sicher zum Stil Ihrer Komödien passen«, schmeichelte ich. Wilder schaute mich aufmerksam an, sagte aber nichts, und da ich wußte, daß er auch Co-Produzent des Films war, hakte ich nach:

»Es hätte auch einen finanziellen Vorteil! Ich würde natürlich für die Rollen der Brüder keine Extragage verlangen! Sie würden also zwei Schauspieler einsparen!« – »Eine großartige Idee!« murmelte Wilder nun.«Ich könnte Diamond und auch mich in den Hintern treten, daß uns das nicht eingefallen ist!« Mein geschmeicheltes Ego hüpfte vor Freude:

»Könnten Sie sich wirklich ...?« stotterte ich aufgeregt. »Würden Sie das tatsächlich ...?«

»Ein toller Einfall, Adorf!« sagte Wilder und klopfte mir anerkennend auf die Schulter, »aber ich kann's nicht machen. Mein Drehbuch ist definitiv.« – Enttäuscht spielte ich nur den Portier in der Münchner Bavaria.

Wilder war im Filmstudio witzig und guter Laune und immer zu Scherzen aufgelegt, solange nicht gedreht wurde. Doch sobald die Klappe fiel, wurde er streng und humorlos. I. A. L. Diamond, Wilders Co-Autor, saß immer dabei, schaute nie den Schauspielern zu, sondern verfolgte mit dem Kugelschreiber den Dialog der Schauspieler in seinem Drehbuch und unterbrach gnadenlos die Szene, wenn ein Wort nicht übereinstimmte.

Ich werde nie meine erste Szene, die ich mit William Holden zusammen hatte, vergessen. Wir drehten sie nur ein einziges Mal, denn gleich sagte Wilder an: »Gestorben«, was im Filmjargon heißt: Die Aufnahme ist so gut, daß nicht wiederholt werden muß. Ich sagte zu Wilder:

»Können wir die Szene nicht noch einmal drehen? Ich glaube, ich kann sie noch etwas besser spielen.« Darauf Wilder:

»Warum hast du's dann eben nicht gemacht?« Die Einstellung wurde nicht wiederholt.

Später unterlief William Holden, mit dem, wie man weiß, Wilder viele Filme gemacht hatte, in einem Dialog mit mir ein kleiner Fehler, er sagte ›get‹ statt ›take‹, jedenfalls ein ganz winziger Unterschied. Sofort schnellte Diamonds Finger hoch: »Bill hat ›get‹ anstatt ›take‹ gesagt.« Die Aufnahme wurde einmal wiederholt, ein zweites, ein drittes Mal, immer passierte Holden der gleiche kleine Fehler. Dann sagte Diamond: »Wir machen eine Zigarettenpause, bis Mr. Holden seinen Text kann.«

Ein paar Tage später drehten wir eine Szene in der Hotelhalle, die im Atelier eigens nachgebaut worden war. Ich sollte als Portier Holden, der die breite Treppe herunter auf den Ausgang zuging, mit dem Satz aufhalten: »Mr. Detweiler, ich habe eine Nachricht für Sie.« Wir probierten lange mit Holden und einem Heer von Komparsen, die der Studiohotelhalle den Anschein von südlichem Leben verleihen sollten, und drehten schließlich die Szene. Als Holden an der verabredeten Stelle auf der Treppe angekommen war, rief ich zu ihm hinüber: »O, Mr. Detweiler, ich habe eine Nachricht für Sie.« Wilder schien's zufrieden, aber sofort schoß Diamonds Zeigefinger hoch: »Mario hat gesagt: O, Mr. Detweiler... Hier steht aber kein ›O‹.« Wilder schaute mich entsetzt an und fragte: »Mario, hast du wirklich ›O‹ gesagt?« Ich zuckte schuldbewußt mit den Schultern. Wilder sah fragend zum Tonmeister hinüber, der das Tonband zurückspulte, den Ton der Szene kontrollierte und traurig nickte. Wilder wandte sich mir wieder zu und fragte:

»Warum, in aller Welt, hast du denn ›O‹ gesagt? Also gut, drehen wir noch einmal.«

Wieder kam Holden die Treppe hinunter, und wieder kam aus meinem Mund:

»O, Mr. Detweiler…« Weiter kam ich nicht, denn Diamonds gnadenloser Finger war oben, und Wilder rief, nun gar nicht mehr gemütlich:

»Mario, bist du denn von allen guten Geistern verlassen? Du hast ja schon wieder ›O‹ gesagt!« Wieder drehten wir, doch auch beim dritten und vierten Mal entfuhr mir das gleiche »O«. Schließlich stand Wilder staunend und enttäuscht vor mir, wie ein Lehrer, dessen Lieblingsschüler auf einmal nicht mehr weiß, wieviel eins und eins ist, und sagte schließlich:

»Warum? Ich will ja nur verstehen, warum du immer wieder ›O‹ sagst!«

Ich merkte, wie eine dumpfe Wut mir wie ein dicker Kloß in den Hals stieg, und plötzlich hörte ich mich schreien:

»Weil der Holden zu weit weg ist!!! Wenn er hier vorne bei mir vorbeikäme, könnte ich sagen: ›Mr. Detweiler, ich habe eine Nachricht für Sie.‹ Wenn er aber fünfzehn Meter weiter drüben herunterläuft und 15 000 Komparsen vor ihm herumkreuzen, dann muß ich mich doch irgendwie bemerkbar machen mit: ›Hallo, Mr. Detweiler‹ oder ›Huhu, Mr. Detweiler‹ oder eben mit ›O‹!« – Es war mucksmäuschenstill geworden im Studio. Unglaublich. Der Adorf schreit Billy Wilder an! – Der ging wie ein Löwe im Käfig auf und ab und dachte nach. Schließlich blieb er vor Diamond stehen und zeigte mit dem Daumen in meine Richtung: »Der Kerl hat recht. Ich nehme das auf meine Kappe: Das ›O‹ bleibt.«

Diamonds Augenbrauen hoben sich beleidigt hinter seiner Brille, und er malte in seinem Drehbuch vor das »Mr. Detweiler« ein – »O«.

Der Virtuose

Für den Schauspieler ist die Darstellung des Todes, das Sterben auf der Bühne oder im Film eine der schwierigsten Aufgaben. Was alles sonst dargestellt werden muß: Liebe und Haß, Lachen und Weinen, Begeisterung und Verzweiflung, Glück und Trauer, hat der Schauspieler irgendwann einmal im Leben, wenn nicht genauso, so doch so ähnlich, schon einmal erlebt, gefühlt, und er kann aus dem Schatz seiner Erfahrungen schöpfen. Das Ereignis Tod aber entzieht sich in allem, was über die Beobachtung des Sterbens hinausgeht, unserer Erfahrung. Die Menschen scheuen sich im allgemeinen, sich ihr Sterben vorzustellen, die meisten verdrängen sogar den geringsten Gedanken daran. Für den Schauspieler aber ist es eine für manchen vielleicht pervers anmutende Aufgabe, sich in den, der da gerade stirbt, hineinzuversetzen. Man kann einwenden, daß er das Sterben ja nur spielt. Aber man kann nicht ernsthaft und glaubhaft das Sterben spielen, wenn man sich nicht mit dem Tod, mit dem eigenen Sterben auseinandergesetzt hat...

Der große Schauspieler Albert Bassermann wurde als alter Mann für seine Sterbeszenen berühmt. Er war in Berlin auf dem Theater und im Film ein Star, und als nach der Machtergreifung durch die Nazis der große Exodus der Schriftsteller, Künstler, Regisseure und Schauspieler begann, zog er es vor, Deutschland zu verlassen, obwohl Goebbels selbst Bassermann und seiner Frau Else, die jüdischer Abstammung war, im Auftrag Hitlers angeboten hatte, dazubleiben. Er ging zuerst nach Wien, dann nach Zürich.

Das Züricher Schauspielhaus hatte in jenen Vorkriegsjahren so manchem Emigranten unter den deutschen Schauspielern seinen Bühneneingang aufgehalten und war dadurch zu einem der besten deutschsprachigen Theater geworden, mit einem unvergleichlichen Ensemble. Selbst nur die Namen der allergrößten Schauspieler aufzuzählen, würde zu weit führen, und Bassermann war schon lange einer der ganz Großen, und hier in Zürich glänzte er auch in seiner ersten Sterberolle, der des alten Attinghausen, und sie wurde ein Triumph. Die berühmten letzten Worte Attinghausens wurden durch Bassermann Theatergeschichte: »Seid einisch, einisch, einisch!«

Bald danach ging Bassermann nach Amerika und machte als einer der wenigen Emigranten in Hollywood Karriere, obwohl er anfangs so gut wie kein Englisch sprach. Seine erste Rolle als ein deutscher Arzt lernte er phonetisch auswendig, und in seiner ersten großen Szene erntete er seinen ersten Szenenapplaus in einem amerikanischen Filmstudio.

Es sprach sich bald herum, daß er eine Sache besonders gut spielen konnte: das Sterben! Seine Sterbeszenen in den Filmen jener Jahre waren kleine Meisterstücke. Er wurde dafür so berühmt, daß es immer wieder hieß: »Komm schnell mit rüber ins Studio soundso, Bassermann stirbt!«

Alles lief dann zusammen, um Bassermann mal wieder sterben zu sehen. Und die Zuschauer bekamen etwas zu sehen, ohne Eintrittsgeld. Sogar alten, abgehärteten Profis traten die Tränen in die Augen, wenn sich in der Filmszene Bassermanns Ende ankündigte. Keiner konnte so schwer atmen, röcheln und stöhnen, mit brechenden Augen letzte Worte flüstern, so langsam und endgültig in den Tod hinüberschlafen, und wenn alle atemlos und ergriffen dachten, jetzt sei's vollbracht, erwachte Bassermann noch einmal zum Leben, und die Agonie begann in einer noch atemberaubenderen Version. Wenn dann wirklich der letzte Seufzer getan, das letzte Zittern durch den Körper gelaufen war, die Augen scheinbar endgültig gebrochen ins Leere starrten, hörte man nach einer ergriffenen, langen Pause Bassermann sich trocken erkundigen: »Na, how was I?«, und es folgte ein donnernder

Applaus der Zuschauer, vom Regisseur, den Mitspielern, dem Publikum im Studio bis zum letzten Beleuchter auf dem höchsten Gerüst.

Mit der Zeit wurde er dann aber in der Tat sehr alt und krank. Er war mittlerweile so oft gestorben, daß viele glaubten, er wäre wirklich tot, und so wurden die Rollenangebote weniger und weniger. Noch einmal sollte er dann eines Tages zurück zum Alten Kontinent, um in Zürich Theater zu spielen, wieder einmal den alten Attinghausen im WILHELM TELL.

Als er in New York ein Flugzeug nach Zürich nehmen wollte, ging es ihm so schlecht, daß die Luftgesellschaft sich weigerte, ihn mitfliegen zu lassen. Aber da er eben ein sehr guter Schauspieler war, gelang es ihm, einen rüstigen Greis so überzeugend zu spielen, daß man ihn doch mitnahm. Er reiste in Begleitung seiner Frau Else, man gab den beiden eine mit Vorhängen abgeteilte Kabine, wie es damals, wir schreiben das Jahr 1952, auf den endlosen Transatlantikflügen noch Brauch war.

Und während dieses Fluges, irgendwo hoch über dem Atlantik, hörte das Herz dieses Virtuosen des langsamen Sterbens ganz plötzlich auf zu schlagen, und außer seiner Frau gab es niemanden, der ihm diesmal dabei zuschaute.

Nach der Ankunft des Flugzeugs wurde in der Pathologie des Zürcher Kantons-Spitals aus Bassermanns Leichnam, so hatte er es testamentarisch festgelegt, das Herz entfernt, denn er, der dem Tod so oft über die Schulter geschaut hatte, war von panischer Angst besessen – scheintot begraben zu werden.

Der Fenstersturz

1. DER AUGENZEUGE

Es war während der Filmfestspiele in Cannes. Eines späten Abends saß wieder einmal eine feuchtfröhliche Runde auf der Terrasse des Hotels CARLTON zusammen, zu der auch der ebenso sympathische wie trinkfeste James-Bond-Darsteller Roger Moore gehörte, als die Rede auf unglaubliche, aber wahre Begebenheiten kam. Ich erinnere mich, daß Roger mit einer Geschichte den Vogel abschoß, die sich vor Jahren in Cannes während der Filmfestspiele ereignet hatte.

»Ich wohnte«, so begann er, »wie immer während des Filmfestivals, das damals noch im alten, inzwischen abgerissenen Festspielhaus stattfand, hier im CARLTON in einer schönen Suite im zweiten Stock gleich hier über der Terrasse. Eines Abends stand ich vor dem großen Spiegel des Salons, in dem ich hinter mir das offene Fenster zur Croisette sah.

Die Abendsonne schien herein, und ich kämpfte den allabendlichen Kampf mit meiner Smokingschleife, als ich plötzlich im Spiegel eine Frau im roten, wehenden Abendkleid draußen am Fenster vorbei nach unten fliegen sah. Blitzschnell drehte ich mich um, da schwebte die gleiche Person wieder am Fenster vorbei, diesmal jedoch von unten nach oben. Sekunden später kam sie wieder herunter, flog gleich darauf noch einmal hoch, wieder nach unten und verschwand schließlich unter einem lauten Klirren und ein paar erschrockenen Schreien unten auf der Terrasse.

Ich rief zu meiner Frau, die wie immer um diese Zeit das Badezimmer besetzt hielt, hinüber:

›Darling, da ist gerade jemand an meinem Fenster vorbeigeflogen!‹

›Nonsense!‹ rief sie zurück. Ich schrie: ›Doch, eine Frau! Sie ist dann aber wieder hochgeflogen, und dann wieder... ‹

›Roger!‹ kam es aus dem Bad nebenan. ›Du sollst nicht schon am Tag so viel trinken!‹

Als wir wenig später in die Hotellobby kamen, in der es zu dieser Stunde wie im Bienenhaus zuging, erzählte man sich überall, daß sich in der Tat eine junge Frau aus dem Fenster des fünften oder sechsten Stocks gestürzt hätte, von dem Zeltdach über der Terrasse aber aufgefangen und wieder hochgeschleudert worden wäre wie ein Ball, vier- oder fünfmal, bis der Stoff der Markise dann doch nachgegeben hätte und sie, die Frau, auf einem Tisch voller Gläser gelandet wäre. Wunderbarerweise wäre sie aber bis auf ein paar Schnitte und Prellungen unverletzt geblieben.

Erleichtert darüber, daß ich offenbar doch nicht einem Anfall von Delirium tremens anheimgefallen war, gab ich mich als Augenzeuge zu erkennen und ließ mich dazu verleiten, den Vorfall noch genauer und spannender zu beschreiben, als ich ihn tatsächlich erlebt hatte. Wie unvorsichtig von mir! Denn am folgenden Tag waren die Zeitungen voll von der Geschichte. Ich war vom Augenzeugen zur Hauptperson avanciert. In einigen der Zeitungsartikel wurden Vermutungen angestellt, ob ich gar die Ursache für den Selbstmordversuch der Frau gewesen sei. Ich erinnere mich noch einer Schlagzeile: SELBSTMORD VOR DEN AUGEN IHRES IDOLS 007, und darunter: FRAU STÜRZT SICH AUS LUXUSHOTEL-FENSTER: ROGER MOORE SCHAUTE ZU! – Seitdem«, so schloß Roger seine Geschichte, indem er mit dem Daumen auf die Fensterfront des Hotels hinter sich hochdeutete, »Schaue ich hier nie mehr aus dem Fenster!«

2. DER LIEBHABER

Ich hatte die Geschichte Roger Moores fast schon vergessen, als ich Jahre später einen Film in der Nähe von Madrid drehte. Während der Mittagspause saßen wir Schauspieler auf der Terrasse der Hazienda, in der einige Szenen des Films spielten. Ich weiß nicht mehr, wer damit begann, Geschichten unter dem Motto: »Glück muß der Mensch haben« zu erzählen. Der Autor José de V., der in dem Film eine kleine Rolle übernommen hatte, spann den Faden weiter mit einer kleinen Geschichte, die mir sehr bald irgendwie bekannt vorkam:

»Vor etwa zehn Jahren war ich bei den Filmfestspielen in Cannes. Ich wohnte im Carlton, im dritten Stock, genau über der Terrasse, von der man bis spät in die Nacht die Stimmen der Festival-Nachtschwärmer hörte, wenn man, wie ich, bei offenem Fenster schläft. –

Ich hatte gleich am ersten Abend ein sehr junges und sehr schönes Mädchen kennengelernt, das sich aber während der folgenden Tage als, sagen wir, etwas zu besitzergreifend herausstellte, so daß ich es, durch bittere Erfahrung gewitzt, für angebracht hielt, sich zu trennen, bevor der Flirt lästig werden konnte. Die Kleine hatte jedoch getrunken und reagierte dramatisch:

›José‹, rief sie, ›wenn du mich jetzt wegschickst, springe ich aus dem Fenster!‹ Ich nahm sie nicht ernst und sagte: ›Bitte, es ist offen.‹ Sie lief zum Fenster und schwang sich, bevor ich sie daran hätte hindern können, auf die Brüstung und stürzte sich in die Tiefe. Ich sprang hinzu, beugte mich aus dem Fenster und sah unten gerade noch, wie sie von dem weißen Zeltdach über der Terrasse aufgefangen und, als wäre es ein Trampolin, zwei-, dreimal hochgeschleudert wurde, bis schließlich der Zeltstoff riß und sie mit einem scheußlichen Krachen auf einen Tisch auf der Terrasse stürzte.

Ich war für einen Augenblick wie gelähmt, dann lief ich aus dem Zimmer, nahm im Sprung die Treppen nach unten, drängte mich durch die Menschenmenge, die, wie immer um diese Zeit, die Halle und den langen Flur zur Bar bevölkerte, doch als ich endlich zur Terrasse kam, sah ich nur noch den Krankenwagen, der mit Blaulicht und heulender Sirene davonfuhr. Ich sprang in ein Taxi und fuhr hinterher. Als ich im Krankenhaus ankam, verschwand die Bahre mit der Unglücksperson gerade im Operationssaal. Ich setzte mich auf eine Bank in dem langen, leeren Flur und wartete. Keine Menschenseele, kaum ein Geräusch und nur der typische Krankenhausgeruch.

›Hoffentlich stirbt sie nicht!‹ fuhr es mir durch den Kopf. ›Wie konnte ich beweisen, daß die törichte Person im Affekt aus dem Fenster gesprungen war? Würde man mich gar verdächtigen, sie hinuntergestoßen zu haben? Sicher erwartete mich schon die französische Polizei im Hotel! Vielleicht sollte ich nicht dorthin zurückfahren und gleich das Weite suchen? Aber dadurch würde ich mich erst recht verdächtig machen. Ich sollte auf jeden Fall meinen Anwalt in Madrid anrufen ... ‹ Solche Gedanken gingen mir durch den Kopf.

Eine Stunde mochte vergangen sein, bis der erstaunlich junge Arzt, der sie operiert hatte, aus dem Operationssaal kam. ›Machen Sie sich keine Sorgen, es ist weiter gar nichts‹, sagte er, sein Französisch hatte einen leichten algerischen oder marokkanischen Akzent, ›keine Brüche, nicht einmal nennenswerte Prellungen, ein Wunder! Ich mußte nur eine ganze Menge Glassplitter aus ihrem Rücken und weiter unten – Sie verstehen schon – herausoperieren. Sie wird ein paar Tage lang auf dem Bauch liegen müssen, und da sind wohl auch noch kleinere Glasstückchen, die später noch raus müssen‹, erklärte er lächelnd und fragte:

›Sind Sie der Vater?‹ Ich verneinte und machte mich davon. –

Ich schickte Blumen in die Klinik und wartete auf den Ansturm der Journalisten, wenn publik würde, daß es das Fenster meines Zimmers war, aus dem die dumme Gans sich gestürzt hatte. Ich schloß mich in meinem Hotelzimmer ein, entschlossen, auf keine Anrufe und kein Türklopfen zu reagieren. In der Nacht tat ich kein Auge zu und ließ mir früh am Morgen durch den Portier sämtliche Zeitungen aufs Zimmer schicken. Sicher war ja nicht verborgen geblieben, daß der Sturz aus meinem Fenster erfolgt war, und ich stellte mir, während ich auf den Boy mit den Zeitungen wartete, entsprechende Schlagzeilen vor.

In der Tat berichteten alle Blätter auf der ersten Seite in großen Lettern über den Fenstersturz. Man sprach von einem Fall aus dem *sechsten* Stock des Hotels. Es gab ein Foto vom CARLTON, wo ein Fenster des obersten Stockwerks mit einem weißen Kreis versehen war und ein Pfeil den Sturz zeigte, den das Mädchen getan haben sollte. Die Direktion des Hotels, der offenbar nichts an einem Skandal gelegen war, hatte diskreterweise angegeben, daß besagtes Zimmerfenster das der jungen Dame gewesen wäre.

Die Journalisten hatten indessen ein anderes, interessanteres Opfer als mich gefunden: Roger Moore, der auch im CARLTON logierte, soll Augenzeuge des Sturzes, vielleicht sogar Anlaß für den Selbstmordversuch gewesen sein. Ich gebe zu, ich habe keinen Muckser getan und mit keinem Menschen darüber gesprochen.

Das Mädchen habe ich nie mehr wiedergesehen und nie wieder von ihr gehört«, lachte José de V. erleichtert, sehr zufrieden mit sich und seinem Glück.

3. DER ARZT

Wieder vergingen Jahre. Eines Tages kam ich während Dreharbeiten in Marokko nach Erfoud, einer Stadt südlich des Atlasgebirges, da, wo es in Richtung Süden keine Straßen mehr in die Sahara gibt, sondern nur unzählige, vom Sand immer wieder verwehte Pisten. Zu unserer Überraschung trafen wir in diesem gottverlassenen Nest auf ein italienisch-amerikanisches Filmteam, das dort ein großes Wüstenepos drehte.

Von den Stars kannte ich Omar Sharif, der sich wohl zu fühlen schien, allabendlich große Festessen organisierte, während die anderen, darunter Rutger Hauer, Elliot Gould und Carole Alt, unter der Hitze stöhnten. Der Regisseur Duccio Tessari war ein alter Bekannter aus Italo-Westernzeiten im spanischen Almeria. Ihm ging es nicht gut, er hatte sich eine rätselhafte Krankheit zugezogen, jedenfalls hatte man einen Arzt aus Ouazarzate, einer größeren Stadt am südlichen Fuß des Atlasgebirges, kommen lassen, der, filmbegeistert wie viele Ärzte, sich über die Abwechslung zu freuen schien. Er wurde auch am gleichen Abend in die Gästerunde Omar Sharifs aufgenommen, kam an den folgenden Abenden öfter dazu und lud uns dann alle zum kommenden Wochenende zu einem Couscous-Essen in seine sehr elegante Villa ein.

Nach dem vorzüglichen, doch schweren Mahl

saß man noch lange am Swimmingpool auf weichen Kissen und trank Tee. Die bis dahin angeregt geführte Unterhaltung beruhigte sich, und in dieser arabisch-märchenhaften Atmosphäre kamen allmählich die Geschichtenerzähler zu Wort. Omar Sharif erzählte die, wie er versicherte, wahre Geschichte einer Frau, die achtzigjährig ihr Haus in Paris auf Rentenbasis verkaufte. Der Käufer, ein sechzigjähriger Anwalt, starb, als die Frau sich mit hundert Jahren noch nicht entschlossen hatte, das Zeitliche zu segnen. Inzwischen sei sie hundertzwanzig Jahre alt, und alle als Erben in Frage kommenden Nachkommen des Anwalts wie auch die der alten Frau seien inzwischen gestorben.

Elliott Gould gab die Geschichte eines Freundes zum besten, der während des New Yorker Blackouts zusammen mit einem Dutzend anderer Personen im Lift eines Bürohauses eingeschlossen und im Dunkeln einer Unbekannten nahegekommen war. Während endloser, verzweifelter Stunden hatte er ihr versprochen, sie zu heiraten, wenn sie beide jemals heil aus ihrer mißlichen Lage gerettet würden. Als nach fast achtundvierzig Stunden der Alptraum zu Ende ging, wurden sie im Laufe der Rettungsaktion voneinander getrennt, und da sie versäumt hatten, Adressen oder Telefonnummern auszutauschen, sich ja auch nie gesehen hatten, schien ihre Begegnung zu einem dunklen Ende verdammt. Zwei Monate später meldete sich die Unbekannte mit einer Zeitungsannonce, beschrieb die Situation im Lift so, daß sein Freund keine Zweifel haben konnte, und deutete an, daß ihre Begegnung im Dunkeln nicht ohne Folgen geblieben war.

Hier meldete sich unser Gastgeber, der Arzt, mit einer Geschichte zu Wort, die, wie er bescheiden meinte, vielleicht nicht mit den vorher erzählten mithalten könne, dafür aber ihm selbst widerfahren sei:

»Ich arbeitete als sehr junger Arzt am städtischen Krankenhaus in Cannes. Es war während der Filmfestspiele. Ich ging damals, besonders während der Festspielzeit, gern ins Kino. An jenem Abend hatte ich Stationsdienst bis 20 Uhr. Der Tag war ziemlich ruhig verlaufen. So hoffte ich, früh wegzukommen, hatte unter meinem Kittel schon Smokinghemd und –hose an und wartete auf meinen Kollegen vom Nachtdienst, denn ich hatte Karten für einen interessanten, vielversprechenden Film, der übrigens in jenem Jahr die GOLDENE PALME gewann. Ich sollte ihn nicht sehen, denn gerade in diesem Augenblick wurde mit dem Unfallwagen eine junge Frau eingeliefert. Die Sanitäter erzählten eine ziemlich unglaubliche Geschichte – daß sie sich aus dem vierten oder fünften Stock des HOTEL CARLTON gestürzt hätte. Die junge, hübsche Frau stand unter Schock und konnte sich später nicht erinnern, wie es zu dem Sturz aus dem Fenster gekommen war, ob es ein Unfall gewesen war, sie hatte auch wohl etwas getrunken. Jedenfalls hatte das Sonnendach über der Terrasse des CARLTON ihren Sturz aufgefangen, hatte sie einige Male wieder hochkatapultiert, bis dann doch der Stoff gerissen und sie auf einen Tisch voller Champagnergläser gefallen war, ohne sich aber ernstlich zu verletzen. Sie hatte lediglich Prellungen und eine Menge großer und kleiner Glassplitter in ihrem Rücken und weiter unten – Sie verstehen schon – die ich ihr im Laufe einer Woche vorsichtig entfernte, damit keine häßlichen Narben zurückblieben« – Er machte eine Pause und lächelte:

»Zwei Monate später waren wir verheiratet!« Dabei lächelte er zu seiner Frau hinüber, die gerade dazugekommen war und gespielt geniert sagte:

»Chéri, mußt du denn immer wieder die alte Geschichte erzählen, daß das erste, was du von mir gesehen hast, mein Popo war?«

Falsch verbunden!

Anfang der achtziger Jahre hatte ich das Glück, einen französischen Film im Herzen Burgunds zu drehen. Das Filmteam logierte in einem gemütlichen Landgasthof bei Beaune. An drehfreien Tagen fuhr ich in der Weinbaugegend der Côte de Beaune und der Côte d'Or herum und bekam glückliches Herzklopfen – da werden mich vielleicht nur Weinliebhaber verstehen –, wenn wieder und wieder ein Schild am Dorfeingang mir einen Namen ankündigte, den ich von Flaschenetiketten gut kannte, mir aber nie hatte vorstellen können, daß diese vollmundigen Bezeichnungen nicht Erfindung waren, sondern ihre Entsprechung in verwinkelten romantischen Weindörfern hatten: Nuits Saint-Georges, Pernand-Vergelesses, Puligny-Montrachet, Meursault, Chambolle-Musigny, Vosne-Romanée, Aloxe-Corton usw.

Mit Reise- und Gourmetführern ausgerüstet, widerstand ich auch nicht der Versuchung, einige der mit Sternen, Kochmützen oder Kochlöffeln ausgezeichneten Schlemmerlokale zu besuchen, und begann um meine Linie zu fürchten. Ganz in der Nähe meines Hotels hatte ich jedoch ein Lokal gefunden, das in keinem der noblen Führer aufgeführt oder gar dekoriert gewesen wäre, das dafür abends länger als die meisten Speisetempel geöffnet hielt, auch nicht so überlaufen war, mir aber vor allem durch die Person des Chefs und Besitzers lieb geworden war.

Lucas B. pflegte in der makellos weißen Kochjacke im Lokal aufzutauchen, begrüßte zurückhaltend die Gäste und gab da und dort Ratschläge für Speisen und die berühmten Weine der Gegend. Wenn ich ihm die Wahl eines Weines überließ, fiel mir auf, daß er dabei erstaunlich selbstlos vorging, indem er zum Beispiel von manchem teuren Gewächs abriet und ein mir unbekanntes, wesentlich billigeres empfahl.

Da ich nun oft einer der letzten Gäste war, ließ sich Monsieur Lucas, nach beendetem Dienst am Herd schon umgezogen, in ein Gespräch ein, akzeptierte sogar, ein Glas Wein mitzutrinken, wenn ich ihm versicherte, daß ich die ganze Flasche, die ich bestellt hatte, nicht alleine schaffte.

Nach einigen Besuchen in seinem Restaurant geschah es denn auch schon, daß er selbst eine besonders gute Flasche spendierte, die nicht auf der Weinkarte stand. Ich hatte ihm verraten, daß wir ganz in der Nähe einen Film drehten, als er mir seinerseits anvertraute, daß er ursprünglich Schauspieler war und erst spät zum Beruf des Kochs gekommen war.

Er erzählte mir dann eines Abends, daß er in jungen Jahren als Theaterschauspieler in Lyon engagiert gewesen war. Er hatte eine Kollegin geheiratet, zwei Kinder waren da, und alles habe auf ein für einen Schauspieler relativ ruhiges Leben hingedeutet. Das Leben in Lyon gefiel dem Ehepaar auch wegen der gemeinsamen privaten Leidenschaft für die gute Küche. Seine Frau Marguerite stammte zudem aus einer Familie von Restaurantbesitzern in der Champagne bei Reims, wo Lucas sie während einer Tournee als junge Theaterelevin kennengelernt hatte. Als die beiden heirateten, Marguerite zum ersten Male Mutter wurde, hatte sie ihren Beruf aufgegeben. Die beiden hatten ein hübsches Haus im Grünen bezogen, mit einem kleinen Blumen- und Gemüsegarten. Alles lief in geordneten Bahnen. Lucas spielte am Theater, wirkte auch einmal bei einem Film mit, eine willkommene Nebeneinnahme, wenn sie dadurch auch für eine Welle getrennt waren.

Eines Tages wurde der Friede im Hause der B's empfindlich gestört. Als Lucas abends nach Hause kam, fand er seine Marguerite mit den Nerven am Ende: Den ganzen Tag über hätte das Telefon nicht stillgestanden, und wildfremde Menschen hatten um Tischreservierungen für ein Abendessen gebeten!

Es stellte sich heraus, daß alle diese Anrufer das damals berühmte Eßlokal »La Table du Roi« in Lyon am Telefon glaubten, dessen Nummer sie in einem renommierten Schlemmermagazin gefunden hatten. Offensichtlich war diese Nummer aber nicht die des Lokals, sondern die von Lucas und seiner Frau! Schließlich hatte sie entnervt den Hörer ausgehängt, und als jetzt Lucas sie beruhigen wollte und den Hörer wieder auf die Gabel legte, ging das Ganze von vorne los.

Lucas hatte nun die naheliegende Idee, den Besitzer des besagten Eßlokals, Monsieur Grosjean, anzurufen. Dem war das Mißgeschick der falschen Nummer inzwischen bekannt. Sein Gasthaus, das, mit Michelin-Sternen gekrönt, der obersten Preiskategorie angehörte, hatte in den letzten Monaten Einbußen erlitten, er hatte tief in die Tasche gegriffen und in den besten Magazinen eine sehr teure, ganzseitige farbige Anzeige aufgegeben, in der allerdings, welches Pech, die Telefonnummer falsch ausgedruckt war. Nun hatte er schon die feinen Fachgazetten von dem Irrtum unterrichtet und kostenlose Korrektur verlangt, aber diese konnten sich sehr schnell als schuldlos ausweisen, da ja der Irrtum auch in den Anzeigen anderer Blätter aufgetaucht war und somit nicht ihnen angelastet werden konnte.

Da der erwartete Ansturm auf sein Lokal sich nicht eingestellt hatte, war der Gastronom schlechtester Laune. Doch als er diese nun an Lucas ausließ, statt sich zu entschuldigen, platzte auch dem der Kragen: Es sei unzumutbar, die ganzen Telefonanrufe zu ertragen, er verlange Abhilfe. Dann solle der doch bei der Post eine neue Telefonnummer beantragen, gab der Meisterkoch zurück. Irgendwann wurde die Unterhaltung laut, ein Wort gab das andere, bis Lucas, oder war es der andere, Grosjean, den Hörer auf die Gabel geknallt hatte.

Man war in einer Sackgasse. Der Schaden war auf die Schnelle nicht zu beheben. Das Telefon klingelte weiter, und es war schließlich Marguerite, die sagte: »Was bildet sich dieser Kerl denn ein? So gut ist er als Koch schließlich auch nicht mehr. Sein Laden funktioniert nicht, sonst würde er nicht diese teure Werbekampagne gestartet haben. Schade, daß du Schauspieler bist«, scherzte sie, »und daß wir kein Restaurant haben, sonst würdest du es diesem eingebildeten Kerl zeigen!

Deine Côte de Beeuf ist unschlagbar, und mein Gratin Dauphinois muß sich auch hinter keinem verstecken!« Man müsse also Verständnis dafür haben, erzählte Lucas weiter, daß er die unbequemen Anrufer während der folgenden Tage nicht mehr auf den Irrtum hingewiesen, sondern kurzerhand mitgeteilt hätte, daß »sein« Lokal zum gewünschten Zeitpunkt völlig ausgebucht wäre.

Bis eines Tages ein angeblich guter Kunde von Monsieur Grosjean sich mit der Absage absolut nicht abfinden und mit Monsieur Grosjean persönlich sprechen wollte. Lucas versuchte dem hartnäckigen Kunden klarzumachen, daß Monsieur Grosjean nicht zu sprechen sei, der aber ließ nicht ab. Er drohte damit, reserviert oder nicht reserviert, am nächsten Abend aufzutauchen, und hier ritt ihn nun, schmunzelte Lucas, der Teufel. Er sei immerhin Schauspieler gewesen, habe den Hörer schließlich an »Monsieur Grosjean« weitergegeben und mit dessen dickem provenzalischem Akzent folgende Geschichte improvisiert: Wenn der Kunde einverstanden sei, wolle er, Grosjean, ihm ein offensichtlich so wichtiges Abendessen zwar nicht in seinem überfüllten Restaurant, dafür aber in einem kleinen Ausweichlokal am Stadtrand höchstpersönlich zubereiten. Wenn das Wetter schön bleibe, in einem kleinen Garten ... Der Kunde war entzückt über die angebotene Sonderbehandlung. Lucas gab seine private Adresse an und legte auf. Marguerite hatte offenen Mundes dabeigesessen und nicht glauben wollen, in welch eine Situation ihr Lucas sich da hineingeredet hatte. Sie hatte aber zugeben müssen, daß Lucas in der Rolle von Monsieur Grosjean hervorragend war.

Sie seien damals eben beide jung und verrückt gewesen. Er könne nicht erzählen, was sich bis zum nächsten Abend alles abgespielt habe, nur so viel, daß der Garten mit einem blumengeschmückten Tisch hergerichtet wurde, er, Lucas, am frühen Morgen auf dem Lyoner Markt die nötigen Einkäufe getätigt habe, dann ins Theater gefahren sei, um zwei Kollegen zu überreden, als Kellner mitzuwirken, auch gleich die nötigen Koch- und Kellnerkostüme geliehen und sich beim Maskenbildner des Theaters den berühmten großen roten Schnurrbart Grosjeans besorgt habe. Den Rest des Tages habe er mit Marguerite zusammen am Herd gestanden, um nach Herzenslust zu kochen...

Der Abend wurde ein voller Erfolg. Der Kunde war des Lobes voll für »Monsieur Grosjean« und seine Equipe und nicht zuletzt für seine reizende Gattin. Als es jedoch ans Zahlen ging, sah sich Lucas gezwungen, die Maskerade aufzugeben, da er ja alleine aus Gründen der Steuern kein Geld für seinen Scherz annehmen konnte. Der Kunde und seine Gesellschaft hatten Humor, sie hatten ausgezeichnet gegessen und getrunken, dazu lachten sie jetzt noch über die Idee und den Streich, den er, Lucas, dem eingebildeten Grosjean ohne dessen Wissen gespielt hatte. Den beiden Kollegen, die hervorragende Kellner abgegeben hatten, steckte der Gast diskret ein fürstliches Trinkgeld zu, und es wurde ein langer und lustiger Abend.

Ein paar Tage später erhielten Lucas und Marguerite erstaunt eine Einladung ihres »ersten Kunden« zu einem Abendessen in einem feinen Eßlokal der

Stadt. Sie sagten zu, aber gleich zu Beginn eröffnete ihnen ihr Gastgeber, daß es sich heute um ein Geschäftsessen handle. Und er machte Lucas und Marguerite einen Vorschlag: Da er in Ch. an der Côte de Beaune ein kleines ehemaliges Bauerngut besäße, das sich hervorragend für einen Landgasthof eigne, sei ihm die Idee gekommen, ihm, Lucas und seiner Frau, Partnerschaft anzubieten, um gemeinsam dieses Projekt zu verwirklichen. Sie könnten sich die Sache einen Monat lang überlegen und dann eine Entscheidung treffen.

»Wie diese Entscheidung ausfiel«, sagte Monsieur Lucas lächelnd, »sehen Sie ja!«

Persona non grata

Der Name Kinski fiel mir zum erstenmal 1953 im Münchner Stadtteil Schwabing auf. Da klebten überall gelbe Plakate, der Name

KINSKI

prangte über dem oberen, größten Teil des Manifests in dicken schwarzen Lettern, darunter:

liest Villon

Francois Villon war mir bekannt. Wenn der so klein da stand, fragte ich mich, wieso kannte ich den großen Kinski nicht? Ein Jahr später wußte jeder, wer Kinski war. Er spielte in Helmut Käutners Film LUDWIG II. den jungen, wahnsinnigen Bruder des Bayernkönigs, von O. W. Fischer leise, aber intensiv gespielt. Beim damals noch großen O. W. hatte Kinski sicher das Leisesprechen abgeguckt.

Denn wenig später trat er in einer Nachtvorstellung in den Münchner Kammerspielen auf, nur mit einer knappen, raubtierfellgemusterten Unterhose bekleidet. Alle Welt mokierte sich über seine exhibitionistische Darstellung. Als aus den hinteren Sitzreihen immer häufiger und ungeduldiger »Lauter!«-Rufe ertönten, schrie er: »Sperrt eure dreckigen Ohren auf, oder wascht sie, bevor ihr ins Theater geht!«

Zwei Jahre später war ich selbst an den Kammerspielen engagiert und hatte schon ein paar kleine Rollen in Filmen gespielt. Eines Tages erhielt ich einen Brief von einem Herrn W. aus Wien. Er habe gerade zusammen mit Klaus Kinski das THEATER AM GELÄNDER in Wien gegründet. Nun habe Herr Kinski mich kürzlich auf der Bühne der Kammerspiele gesehen und Schmeichelhaftes über mich berichtet. Er bäte mich, nach Wien zu einem Vorsprechen zu kommen, und »wenn Herr Kinski sich nicht geirrt« hätte, könnte man sich über ein Engagement unterhalten. Ich schrieb höflich zurück, daß ich einen festen Vertrag an den Kammerspielen und für die kürzlich ausgehandelte dreimonatige Urlaubszeit schon Filmpläne hätte. Schon drei Tage später bekam ich ein Telegramm: NICHT FILM ABSCHLIESSEN STOP HERKOMMEN STOP W. Ich wußte nicht, was ich darauf noch antworten konnte. Ich glaube, ich habe die Antwort immer wieder hinausgeschoben und die ganze Sache vergessen. Ein Fehler, wie sich herausstellen sollte.

Berlin. Ein paar Jahre später. Ich hatte gerade einen Bundesfilmpreis bekommen und genoß meinen ersten Ruhm. Fast allabendlich besuchte ich die damals bekannteste Berliner Künstlerkneipe FRANZ DIENER in der Grolmannstraße und wurde, was mir außerordentlich schmeichelhaft erschien, in die Stammtischrunde aufgenommen, zu der damals Größen wie O. E. Haase, Gustav Knuth, Biberti von den COMEDIAN HARMONISTS und der Bildhauer »Fritze« Reuter gehörten. In der Ecke thronte auf einem erhöhten Platz Nacht für Nacht Jo Herbst vom Kabarett DIE STACHELSCHWEINE.

Betty war die Kellnerin, gute 80 Kilo Fett und Muskeln. Über ihrem freundlichen Gesicht wasserstoffgebleichte, exakt ondulierte Haare wie eine WELLA-Reklame der dreißiger Jahre. Sie hatte respekteinflößende Oberarme, dazwischen der Busen – mehr Brustpanzer als Ruhekissen. Sie trug stets ein schwarzes Kleid und eine weiße, gestärkte Servierschürze.

Franz Diener, der Wirt, stand hinter der Theke, ein Koloß, ehemaliger Schwergewichtsboxer, der noch vor Schmelings Zeiten in Berlin Karriere gemacht hatte. Ein recht naives Wandgemälde über der Theke zeugte von seinem größten Kampf: 1929

DIENER gegen PAOLINO. Nun, dreißig Jahre später, konnte man sich nicht vorstellen, daß dieser gutmütige Tanzbär einmal Größerem als einer Fliege etwas hatte zuleide tun können.

Eines Abends glänzte ich durch Abwesenheit, und am nächsten Tag wurde ich mit großem Hallo begrüßt: Ich hätte ja einen großen Abend verpaßt. Dabei wäre es doch um mich gegangen. Allmählich erfuhr ich, was sich zugetragen hatte. Ein seltener Gast hatte am Stammtisch Platz genommen: Kinski. Er hatte die ganze Zeit mürrisch dagesessen, sich kaum an der Unterhaltung beteiligt, bis irgendwann die Rede auf mich, den Abwesenden, gekommen war. Unvermittelt nämlich begann Kinski zu stänkern:

»Der Adorf, dieses arrogante Arschloch. Hört mir doch auf mit dieser Flasche ...«, und so ging es eine Weile, bis dem kleinen, aber tapferen Jo Herbst der Faden riß: »Klaus«, sagte er leise, »wir sind hier an unserem Stammtisch. Du bist hier Gast und durchaus willkommen. Aber Mario ist unser Freund. Wir mögen's nicht, wenn über einen Freund schlecht gesprochen wird, besonders wenn er nicht da ist.«

Ohne Vorwarnung schüttete Kinski sein Bier in Jo Herbsts Gesicht. Der kleine Jo ließ sich nicht lumpen, hechtete aus dem Sitz über den Tisch und drückte Kinski sein Bier samt Glas ins Ponem. Doch bevor es zu einer Schlägerei kommen konnte, trat Betty, die Kellnerin, von hinten an Kinski heran, nahm ihn unter den Armen hindurch in einen eisernen Nackengriff, hob ihn aus dem Stuhl, ging mit dem zappelnden Kinski durchs Lokal, schob ihn durch die Schwingtür, dann die Eingangstür hinaus auf die Grolmannstraße und ließ ihn einfach auf das Pflaster des Bürgersteigs fallen.

Wieder waren ein paar Jahre vergangen. Ich sollte auf den Kanarischen Inseln einen deutschen Western drehen. Anfangs hatte ich mich dagegen gewehrt. Das Drehbuch war mehr als dürftig, die Rolle des mexikanischen Banditen Pedro Ortiz mal wieder der übliche Bösewicht. Ich hatte schon einen Vertrag in der Tasche für einen Western mit Sam Peckinpah, der in Mexiko gedreht werden sollte und natürlich viel attraktiver war, wenn ich auch dort ebenfalls als Mexikaner engagiert war. Schließlich fand ich mich darein, den deutschen Mexikaner als Fingerübung für den »richtigen« zu betrachten, und sagte zu.

Mit dabei waren Edmond Purdom, Marianne Koch, Marisa Mell, mein alter Freund Walter Giller, Thomas Fritsch und – Klaus Kinski, der ein besonders verrücktes, blutrünstiges Mitglied meiner Bande spielen sollte.

Bei meiner Ankunft auf Gran Canaria war ich also auf einiges gefaßt, was Kinski betraf. Mein Erstaunen war daher groß, als ein Jeep mit kreischenden Bremsen vor dem Hoteleingang hielt und ein ganz anderer Kinski auf mich zustürmte, mir hocherfreut die Hand schüttelte und mich sogleich vor die Tür und zu seinem Jeep zerrte. Und los ging's in Kinskis Wahnsinnstempo. Dann erst erfuhr ich den Grund für unsere eilige Fahrt. »Mario, ich muß dir unbedingt das Pferd zeigen, das ich für dich ausgesucht habe, bevor es sich ein anderer unter den Nagel reißt.«

Ich war beeindruckt von Kinskis überschwenglicher Hilfsbereitschaft und suchte nach dem Haken bei der Geschichte. Wir kamen bei den Stallungen an, er zeigte mir den prachtvollen schwarzen Araber, gedrungen und hoch im Blut. Kinski half beim Satteln, ich schwang mich aufs Pferd und merkte gleich: Es gab keinen Haken. Es war ein für die Rejoneada, den Stierkampf zu Pferde, dressiertes Tier und reagierte auf den leisesten Schenkeldruck. Man konnte sich die Zügel in den Gürtel stecken und nur mit Schenkeln und vorsichtigem Sporendruck lenken: ein Vergnügen? Ich gab meiner Begeisterung Ausdruck und bedankte mich ganz gerührt.

Nun sollte ich aber sein Pferd sehen, und Kinski führte mich zu einem kleinen unauffälligen Braunen. Ich erfuhr, daß die meisten unserer Filmpferde einer Kosakenreittruppe gehörten, die sich auf Welttournee befand und auf Gran Canaria Winterquartier bezogen hatte. Kinski war schon einige

Tage vor mir eingetroffen und trainierte täglich stundenlang, und obwohl er kein wirklich guter Reiter war, schaffte er den Kosakentrick, in vollem Galopp ein Taschentuch mit einer Hand vom Boden aufzuheben. Er war stolz, und einige Tage lang liefen die Dreharbeiten recht friedlich, doch ganz unvermittelt geschah es dann, daß Kinski dem Produktionsleiter an die Kehle fuhr und schrie: »Ich bring' dich um, du Sau!« Endlich erkannte ich meinen alten Kinski wieder.

Am nächsten Tag ließ er den Frust an seinem armen Pferd aus. Er fluchte und riß mit aller Kraft an den Zügeln mit der langen spanischen Kandare und hieb mit seinen handtellergroßen mexikanischen Radsporen in die Flanken des Gauls, der schließlich zitternd zum Stehen kam. Ich ging zu Kinski und sagte ruhig:

»Klaus, steig ab, und dann läßt du deine Wut an mir aus und nicht an dem armen Tier.«

Kinski schien plötzlich wie aus einer Trance zu erwachen. Er stieg vom Pferd, sah das Blut am Maul und an den Flanken des Tiers, schlug die Hände vors Gesicht und jammerte:

»Du lieber Gott, was hab' ich nur gemacht? Mein liebes, liebes, liebes Pferd, was hab' ich dir angetan?« Und er küßte das Pferdemaul, leckte das Blut ab und weinte echte Tränen! Er half die Wunden zu behandeln, pflegte das Pferd während der nächsten Tage. Schließlich kaufte er es den Kosaken für horrendes Geld ab. Nach Beendigung des Films ließ er es per Schiff nach Hamburg bringen, von dort nach Berlin, wo er eigens einen Stall gemietet hatte. Dort hielt er das Tier einige Jahre. Ein rothaariges, weibliches Rumpelstilzchen, das Kinski verfallen war, fungierte als Stallknecht und schlief neben dem Pferd des Meisters. Kinski soll in Berlin nicht ein einziges Mal mehr auf das Pferd gestiegen sein, erzählen die einen, andere hingegen wollen Kinski gesehen haben, wie er das arme Tier bei seinen Ausritten so malträtierte, daß sich Tierfreunde der Gegend entrüsteten und gegen ihn klagen wollten...

Einige Jahre später. Wir lebten inzwischen beide in Rom. Ich in meiner Wohnung im Zentrum, in der Vecchia Roma unweit des Campo de'Fiori, Kinski hingegen hatte eine riesige, vornehme Villa an der Via Appia Antica gemietet, wo er fürstlich hofhielt. Links auf dem Vorplatz stand ein grüner Rolls Royce. Auf der Freitreppe empfing Kinski, zwei Riesendoggen an der kurzen Leine, seine Gäste.

Hatte Kinski während seiner Zeit als Villon-Rezitator eine treue Gemeinde älterer Damen, so benützte der Produzent Horst Wendlandt ihn während der sechziger Jahre in seinen unzähligen Edgar-Wallace-Filmen als eine Art Kinderschreck, denn seine hauptsächlichen Fans waren die jugendlichen der Vorstädte, die vor Lachen brüllten, wenn Kinski in seinen grausigen Chargen augenrollend auf der Leinwand erschien. Doch diese Zeiten waren vorbei. Kinski hatte in Italien Karriere gemacht mit eindrucksvollen Figuren in Sergio Leones oder Corbuccis Spaghetti-Western.

Jetzt war er endgültig ein Star und lud eines Tages seinen alten Freund und Gönner Wendlandt zum Mittagessen in seine Villa ein. Wendlandt trifft im Taxi ein, Kinski, ganz in Grün, in den Farben seines Rolls Royce gekleidet, erwartet ihn zwischen Doggen und seinem Rolls auf der Freitreppe und stellt ihn seiner damaligen Freundin, der Tochter eines bedeutenden Mailänder Industriellen, vor. Dann zerrt er Wendlandt zur Seite und fragt ihn:

»Horst, sprichst du Italienisch?«, und als dieser verneint: »Macht nichts, geh doch mal rein in diese Tür. Dort wohnt mein Butler. Ich habe eine Auseinandersetzung mit ihm gehabt und ihn zufällig mit einem silbernen Tablett am Kopf berührt. Jetzt will der schwule Hund nicht rauskommen und servieren.«

Wendlandt betritt die dunkle Kammer und erkennt auf einem schmalen Bett ein wimmerndes Häufchen Elend mit einem riesigen Turban um den Kopf. Ihm wird klar: Der arme Mensch ist fertig, vielleicht übertreibt er auch ein wenig, jedenfalls wird das Mittagessen etwas weniger stilvoll über die Bühne gehen müssen. Als Wendlandt aus dem Zimmer des Butlers kommt, fragt ihn Kinski: »Lebt er noch?« – Wendlandt hat Humor, er geht mit Kinski in die Küche, streift sich als Jux die herumliegenden weißen Handschuhe des Butlers über und serviert zusammen mit Kinski den ersten Gang: Kaviar mit Wodka und Champagner, während die Hausfrau die ganze Zeit über eisern am Eßtisch sitzenbleibt. Den zweiten Gang, Steaks mit Pommes frites, und den Nachtisch serviert Wendlandt mit nachlassendem Humor allein, denn auch Kinski erhebt sich fortan, intensiv mit seiner Freundin schmusend, nicht mehr vom Tisch.

Etwa um die gleiche Zeit herum suchte ich meinerseits einen dienstbaren Geist, allerdings keinen Butler, sondern eine Putzfrau, eine Zugehfrau. Dazu bemühte ich eine Agentur. Eine etwas zu feine Dame bat mich in ihr Büro. Ich trug ihr meine Wünsche vor. Sie fragte nach meinem Beruf. Als ich »Schauspieler« sagte, wurde ihr Gesichtsausdruck säuerlich und ihr Ton spitz:

»Wir vermitteln keine Elemente an Schauspieler.«

»Und warum nicht, wenn ich fragen darf?«

»Wir hatten vor einem Jahr ein vorzügliches Element an einen Schauspieler vermittelt«, antwortete sie.

Ich hatte ja schon viele Bezeichnungen für Putzfrauen gehört, aber »Element« war mir neu.

»Sie wurde von der Treppe gestoßen und brach sich ein Bein, das wahrscheinlich nie wieder ganz heilen wird. Wir mußten den Herren, den Namen will ich nicht nennen, Ihren Kollegen, wenn es Sie nicht beleidigt, ihn so zu nennen, mit einem Schmerzensgeld- und Schadensersatzprozeß überziehen. Bisher erfolglos, aber dieser Herr ... «

»Kinski«, sagte ich, und die Dame hob überrascht die dünn gezupften Augenbrauen:

»Woher wissen Sie?«

»Er hat es mir erzählt«, log ich und ging.

Jahrelang sah ich Kinski nicht wieder. Peter Berling, mit uns beiden befreundet, sprach mich eines Tages auf ihn an:

»Mario, was soll das? Da wohnt ihr beide in *einer* Stadt, ihr seid hier die beiden bekanntesten Deutschen«, übertrieb er, »ihr kennt euch seit zig Jahren, habt ein paar Filme zusammen gemacht und meidet euch, als hätte einer von euch die Krätze. Du als der jüngere solltest den Anfang machen. Lad ihn doch mal zum Essen ein.«

»Nicht hier bei uns!« protestierte Monique, damals noch nicht mit mir verheiratet. »Also gut«, sagte ich, »wir nehmen hier bei uns den Apéritif, und dann gehen wir rüber zu LUIGI zum Essen.«

Ich lud noch Senta Berger dazu ein, die damals einen Steinwurf von meiner Wohnung auf der gegenüberliegenden Tiberseite lebte, Ottavia Piccolo und noch ein paar Freunde, eine gutgemischte Runde ohne allzu große Konkurrenz für Kinski.

Der kam mit seiner neuen vietnamesischen Frau, und der Apéritif ging locker vonstatten. Kinski gab sich zahm. Bei LUIGI saßen wir an einem großen Tisch, Kinski und Frau in der Mitte, Monique und mir gegenüber. Wir waren bei den Vorspeisen, da bellte Kinski los:

»Was haben die denn so zu glotzen?« Gemeint waren wohl Leute am Tisch hinter mir. Ich drehte mich um und sah eine harmlose Runde italienischer Gäste, die ab und zu vielleicht einen neugierigen Blick zu uns herüberschickten.

»Die glotzen doch gar nicht, Klaus«, versuchte ich abzuwiegeln. Aber da war nichts zu machen.

»Natürlich glotzen die! Das sieht doch jeder, daß die glotzen.« Ich versuchte es anders:

»Vielleicht glotzen sie, aber sie könnten ja auch die Senta anglotzen oder die Ottavia, die sind hier berühmter als du denkst.«

Das hätte ich nicht sagen sollen, denn jetzt ging es erst richtig los, bis es Senta und Kinskis Frau gelang, ihn etwas zu beruhigen. Im Lokal war es inzwischen ungemütlich still, und jetzt starrten wirklich alle zu uns herüber. Wir hatten schon unseren Hauptgang bestellt, nur Kinski fehlte noch. Als nun der Wirt Kinski einige Speisen vorschlug, brummte er:

»Mir ist der Hunger schon vergangen. Hier gibt's sowieso nur Scheißfraß, das kann doch keiner fressen, diesen italienischen Scheißfraß.« Gut, daß Alfredo nicht Deutsch verstand. Peter Berling saß schon vor einer riesigen Bistecca Fiorentina und ließ Kinski Kinski sein. Monique bekam gerade ihren Teller, schnitt ein Häppchen der zartrosa gebratenen Kalbsleber ab, reichte es auf der Gabel über den Tisch und hielt es Kinski vor den Mund.

»Klaus«, sagte sie – das klang bei ihrer französischen Aussprache wie Kloß und gab bei den anderen zum Grinsen Anlaß –

»Kloß, diese Leber ist dèlicieuse, probier mal.«

Widerwillig zog Kinski die Leber mit gebleckten Zähnen von der Gabel und sagte gnädig zu Alfredo: »Also gut, Leber.«

Eine Viertelstunde später stand eine schwarzverbrannte Schuhsohle von Leber vor Kinski auf dem Tisch. Er schaute sie triumphierend an und sagte:

»Ich hab's ja gewußt, daß es hier nur einen Scheißfraß gibt. Komm, wir gehen!« Er packte seine Frau beim Arm und zog sie mit sich hinaus. Eine Minute lang blieben wir stumm sitzen, dann stießen alle wie auf Kommando einen lauten Seufzer der Erleichterung aus, und es wurde doch noch ein vergnügter Abend.

In Italien ging's mit Kinski bergab. Er hatte sich mit seinen Launen alle zu Feinden gemacht: von Produzenten, Schauspielerkollegen bis hinunter zu den Filmtechnikern und Studiobeleuchtern, die geschworen hatten, ihm, Kinski, eines Tages einen Scheinwerfer auf den Kopf fallen zu lassen. Vor allem die Kaskadeure hatten es auf ihn abgesehen. Die Anti-Kinski-Stimmung wurde zum öffentlichen, ja politischen Skandal: Kinski wurde zur Persona non grata erklärt und mußte tatsächlich später für einige Jahre Italien verlassen. Aber so weit war es noch nicht.

Einige Monate nach unserem verunglückten Abendessen sah ich Kinski wieder. Ich kam mit Freunden in das einst berühmte, später dann berüchtigte Nachtlokal NUMBER ONE. Wir standen gerade an der Garderobe und gaben unsere Mäntel ab. Da sah ich auf einmal in 2½ Metern Höhe Kinski im weißen Trenchcoat und einem noch weißeren Gesicht durch die Luft schweben. Fünf, sechs Burschen, die ich gleich als ein paar besonders rüde Stuntmen erkannte, trugen Kinski hoch über ihren Köpfen durch die Menge aus dem Nachtclub heraus. Ich wandte mich an den unter ihnen, den ich am besten kannte, und fragte, was los sei. Er antwortete mir mit entschlossenem Gesicht:

»Jetzt reicht's uns! Jetzt bringen wir ihn um! Jetzt machen wir ihn alle!« Das klang wirklich gefährlich, und ich bekam es mit der Angst. Selbst wenn sie ihn nicht wirklich umbrachten, sie würden ihn zumindest krankenhausreif prügeln, denn das war keine Wut mehr, das war blanker Haß.

Vorsichtig begann ich auf die Burschen einzureden.

»Jetzt laßt ihn doch mal da runter. Ihr seid ja müde, bevor ihr noch angefangen habt.« Nur widerwillig ließen sie Kinski, der die ganze Zeit wie ein Gekreuzigter und ohne einen Laut von sich zu geben unter der Decke schwebte, herunter, nicht ohne ihm da und dort einen wütenden Knuff, einen aufgebrachten Stoß zu versetzen.

»Macht euch doch nicht unglücklich«, fuhr ich fort, »wenn ihm hier etwas passiert vor allen Leuten, bringt euch das doch in Schwierigkeiten, wenn nicht ins Kittchen! Das müßt ihr anders machen, ein kleiner Unfall beim Filmen, da kann euch keiner einen Strick draus drehen. Das ist doch ein Verrückter, das ist doch kein Gegner für euch. Wenn ihr ihn jetzt laufenlaßt, lad' ich euch ein: zu was und wieviel ihr wollt.« Das tat's, jetzt war *ich* ihr Held. Sie ließen Kinski mit ein paar saftigen Drohungen und mit Schubsen und Tritten laufen, der sich so gerupft, aber nicht erschlagen, aus dem Staube machen konnte.

Ich habe ihn nie wiedergesehen...

Armdrücken

Man muß den großen Filmproduzenten Artur Brauner nicht vorstellen. Wahrscheinlich ist er die markanteste und bekannteste Figur des Nachkriegs-Filmgeschäfts. Es gibt Hunderte von Anekdoten über »Atze« Brauner. Die meisten handeln von seiner Schlitzohrigkeit und seiner ganz persönlichen Zahlungsmoral. Er hatte bald nach dem Krieg in Berlin-Spandau die von den Bomben verschont gebliebenen häßlichen Ziegelbauten einer Giftgasfabrik bezogen und diese in einen Filmatelier-Komplex verwandelt. Seine Firma nannte er CCC-Film, eine Abkürzung, der die Branche bald die boshafte Bedeutung: »Zahlt Ziemlich Zögernd« unterschob.

Auch seine Taktik, Verträge zustande zu bringen und auszuhandeln, war mehr als originell. Atze war bekannt dafür, daß er manchem Filmstar zu später Stunde in einer Bar, wenn der mit einem guten Essen und besonders eifrigem Trinken weichgeklopft war, kurzerhand einen auf einer Papierserviette entworfenen »Vertrag« zur Unterschrift vorlegte.

Ich sollte als noch ziemlich junger Schauspieler einen Film für Brauner drehen. Der Titel lautete AM TAG, ALS DER REGEN KAM und hatte nicht das Geringste mit dem Inhalt der Geschichte zu tun. Doch Brauner hatte die Rechte an dem von Dalida gesungenen, damals sehr populären Schlager des gleichen Titels erworben, und so mußte der Film eben auch so heißen. Ich hatte das Drehbuch gelesen und für schlecht befunden. Ich sollte den neonazistisch angehauchten Chef einer Bande von Jugendlichen spielen, eine mir damals so unrealistische Vorstellung, daß ich dankend absagte.

Aber Brauner war nicht der Mann, der sich dadurch abschrecken ließ. Mit allen Mitteln versuchte er, mir die Geschichte schmackhaft zu machen. Als alles nicht fruchtete, lud er mich zu einem Abendessen in sein Haus im Berliner Grunewald ein, gewiß eine schmeichelhafte Auszeichnung. Auch der amerikanische Regisseur Gerd Oswald, der den Film inszenieren sollte, war zugegen. Brauners temperamentvolle Frau Maria war gerade im achten Monat schwanger, auch diese Tatsache wurde, so schien es mir, strategisch eingesetzt. Es gab Kaviar und Champagner, Delikatessen, die ich bis dahin noch nicht kennengelernt hatte, kurz, ein üppiges Mahl.

Schließlich kam Brauner zum geschäftlichen Teil. Ich versuchte, ihm klarzumachen, daß das ausgezeichnete Essen das Drehbuch leider nicht besser gemacht hätte. Brauner sagte traurig:

»Wir sind ja eigentlich auch nicht hier, um zu essen, sondern um einen Vertrag zu machen.« Ich entgegnete:

»Dann sind Sie bei mir an der falschen Adresse, Herr Brauner, da hätten Sie meinen Agenten zum Essen einladen müssen, das hätte ihm sicher geschmeckt.«

»Nein, Adorf, ich weiß, daß Ihr Manager das tut, was Sie ihm sagen!« Wir saßen fest. Da stand Brauner auf und fragte:

»Adorf, sind Sie stark?« Ich tat bescheiden. »Aber sicher, Adorf, ich weiß es, Sie haben doch geboxt! Das hat mir der Bubi Scholz erzählt.«

»Was hat das mit Ihrem Film zu tun?« fragte ich zurück. Statt einer Antwort zog Brauner seine Jacke aus, hängte sie über eine Stuhllehne und begann, seine Hemdsärmel hochzurollen.

»Kommen Sie!« sagte er und stellte zwei Stühle an ein Tischende. »Wir werden Armdricken.« Es dauerte einen Moment, bis mir klar wurde, daß Brauner sich mit mir im Armdrücken, dem »Indianwrestling«, messen wollte.

»Wozu soll das gut sein?« fragte ich.

»Ganz einfach«, erläuterte Atze mit dem Anflug eines Lächelns unter seinem schmalen schwarzen Bärtchen, »wenn *ich* gewinne, unterschreiben Sie den Vertrag jetzt sofort, wenn *Sie* gewinnen, gebe ich Ihnen bis morgen früh Zeit dazu!« Er setzte sich an eine Tischkante und sagte:

»Kommen Sie, seien Sie kein Feigling.«

Noch nahm ich das Ganze als einen Spaß und ließ mich darauf ein. Als ich ihm mit aufgekrempeltem Ärmel gegenübersaß und seine Hand zum ersten Male die meine umspannte, merkte ich, daß mir kein Schwächling gegenübersaß.

Was ich damals allerdings nicht wußte, war, daß er mit der gleichen Nummer Lex Barker, immerhin einen wahren Hünen, später Old Shatterhand in den Karl-May-Filmen, und sogar den Box-Europameister Bubi Scholz über den Tisch gezogen hatte.

Ich war in eine Falle getappt. Ich wehrte mich, so gut ich konnte. Maria Brauner spielte wacker mit, oder war es wirkliche Sorge um ihren Artur, der mal puterrot, mal kreidebleich wurde vor Anstrengung?

»Artur«, rief sie händeringend, »du kriegst einen Herzinfarkt! Hör auf!«, und als Brauner es weiter versuchte, legte sie jammernd ihre Hände um den hochschwangeren Leib und schrie: »Artur, willst du, daß ich eine Frühgeburt zur Welt bringe?«

Ich hatte keine Zeit zu lachen. Doch dann hatte ich den rettenden Gedanken:

›Wenn ich den Vertrag so oder so unterschreiben muß, wenn ich so oder so verliere, gibt es nur einen Ausweg: Ich muß ein Unentschieden erzielen! Dann muß ich weder jetzt noch morgen früh unterschreiben!‹

Ich konzentrierte mich also darauf, weder zu gewinnen noch zu verlieren. Indem ich auf die größere Anstrengung dabei, nämlich gewinnen zu wollen, verzichtete, sparte ich Kräfte, die ich dafür in die Verteidigung des Remis investierte. Etwa zwanzig Minuten lang saßen wir uns verbissen gegenüber. Brauners Frau Maria fuhr fort, ihren Artur zum Aufhören zu überreden, schließlich ließ er erschöpft von mir ab. Auch ich fühlte mich am Ende meiner Kräfte, aber das Unentschieden war gerettet.

Wie ich hinauskam, weiß ich nicht mehr. Ich erinnere mich nur noch, daß ich am nächsten Morgen das erste Flugzeug nahm und die Flucht antrat. Ich hatte noch nachts am Telefon meinem Agenten die Geschichte erzählt. Er hatte gelacht und mich eingeladen, zu ihm ins Tessin zu kommen, wo er seine Ferien verbrachte: »Hier sucht dich keiner!«

Wir haben nie erfahren, wie man mein Versteck ausfindig gemacht hat, denn ein paar Tage später tauchte eine ganze Kommission unter Führung des Bavariachefs Kubaschewski im Tessin auf, um mich im Auftrag Brauners und im Sinne des Verleihs massiv zu beknien, den Film doch noch zu machen. Schließlich gab ich nach.

Erst später erfuhr ich, daß Artur Brauner nach unserem Wettkampf zwei Wochen lang seinen rechten Arm in der Schlinge trug und die Filmbranche wissen ließ, daß er nicht imstande wäre, irgendein Dokument, geschweige denn einen Scheck zu unterschreiben…

Der Ausreißer

Wir saßen zu viert beim Mittagessen auf der Terrasse des TAIWANA, meine Frau Monique, unser englischer Freund Tony Dawning, seine französische Frau Nadine und ich. Das TAIWANA ist das eleganteste Hotel von St. Barthélémy, einer kleinen Insel der Französischen Antillen. Die Klientel ist im Winter etwa die gleiche, die man im Sommer in St. Tropez antrifft, dazu ein paar amerikanische Filmstars, dazwischen auch mal ein Formel-1-Weltmeister und, ganz incognito, ein Cosa-Nostra-Gangster, der mit seinem Anhang im Privatjet von Florida herübergedüst ist.

Da saßen wir also. Es war sehr heiß, und wir stocherten eher lustlos in dem teuren Essen herum, als Tony auf einmal ganz blaß wurde und murmelte:

»Haltet mich fest! Ich glaube, ich spinne! Ich sehe einen Toten!« –

»Was? Wieso? Einen *Toten?* Du spinnst wirklich!« –

»Nein, nein, ich sehe wirklich einen Toten. An dem Tisch da hinten. Schaut doch nicht so auffällig! – Vor ein, zwei Jahren ist er gestorben, in Paris, ich erinnere mich noch der Todesanzeigen in den Zeitungen. Die Leiche hat man allerdings nicht gefunden. Sein Kompagnon hatte ihn mit Betrügereien in den Ruin getrieben, und er hatte sich schließlich umgebracht, und dabei sitzt dieser Kerl quicklebendig hier in der Karibik!«

»Vielleicht irrst du dich«, sagte ich, aber da schaute der Totgeglaubte schon zu uns herüber, er hatte Tony erkannt und winkte ihm sehr lebendig grüßend zu.

Wenig später kam er zu uns an den Tisch. Er begrüßte Tony und Nadine wie alte Freunde und setzte sich unaufgefordert zu uns. Tony fragte ihn vorsichtig aus, und er gab ohne Hemmungen Auskunft. Er erzählte von dem betrügerischen Bankrott seines Kompagnons, in den er ohne jede Schuld und ohne jedes Wissen hineingezogen worden war. Schließlich hätte er nur die Wahl gehabt zwischen Gefängnis – nicht unter zehn Jahren, wie er versicherte – oder Flucht. Er fingierte also einen Selbstmord mit Abschiedsbrief und allem Drum und Dran, mit Begräbnis ohne Leiche, woraufhin er sich mit dem letzten Bargeld aus der Firmenkasse in die Karibik abgesetzt hatte. Immer, wenn er etwas nicht ganz Legales beschrieb, fügte er an:

»Aber ich bin kein Gangster!«

Auf der benachbarten Insel Anguila hätte er sich eine große schöne Villa gekauft, er führe ab und zu in der Gegend herum, wenn es ihm auf seiner kleinen Insel zu langweilig würde. Als Tony einwarf:

»Aber hier bist du doch auf französischem Boden! Was ist, wenn die Gendarmen kommen?« lachte er auf:

»Die kriegen mich nicht, keine Angst. Ich habe ein viel schnelleres Boot als die.«

Er zeigte zum Strand hinüber, wo ein schnittiges Boot in der schlappen Brandung dümpelte, das den sinnigen Namen THE GETAWAY trug: der Ausreißer. –

»Außerdem sucht mich ja niemand. Einen Toten vermißt man nicht! Aber ich bin kein Gangster!« Er schwieg eine Weile, schenkte sich wie selbstverständlich von unserem Rosé ein, trank genießerisch, und während wir anderen verstohlene Blicke untereinander austauschten, fuhr er fort:

»Übrigens war ich neulich in Paris!« Tony staunte, und wir nicht minder. »Ich mußte einige geschäftliche Dinge in Ordnung bringen. Dazu mußte ich meinem Ex-Kompagnon einiges klarmachen. Ich rief ihn also an. ›Hallo, du bist's!‹ schrie der ins Telefon. ›Du brauchst gar nicht so zu schreien‹, sagte ich, ›ich bin ganz in der Nähe. Ich kann dich sogar *sehen!*‹ Ich hatte mir ein Zimmer genau seinem Büro gegenüber gemietet, das früher *mein* Büro gewesen war. ›Du sitzt an meinem Schreibtisch und hast den Hörer in der rechten Hand. Links von dir steht eine brennende Tischlampe. Ein scheußliches Ding, übrigens nicht von mir.‹

Dann sagte ich zu ihm: ›So, jetzt würde ich an deiner Stelle für zwei Minuten ganz, ganz ruhig sitzen bleiben.‹ Ich nahm mein Gewehr, legte an, zielte durch das Teleskop und drückte ab. Die Lampe zersprang in tausend Stücke. Er hatte die Hände vors Gesicht geschlagen und saß lange zitternd da. Als er endlich den Hörer wieder halten konnte, sagte ich zu ihm: ›So, mein Lieber, und jetzt nimmst du Papier und Stift und schreibst auf, was ich dir sage, und wenn du nicht alles genauso ausführst, dann ist es beim nächsten Mal nicht die Lampe, du verstehst mich doch?‹« Und zu uns gewandt sagte er:

»Aber ich bin kein Gangster!«

»Wenn du unschuldig bist und alles wieder ins Lot gebracht hast, dann kannst du ja bald wieder auferstehen und nach Frankreich zurückkehren«, schlug Tony vor. Da lächelte unser Ehrenmann und sagte:

»Warum sollte ich das? Ich müßte wieder arbeiten, hätte sicher das Finanzamt am Hals und so manchen Prozeß von lästigen Gläubigern. – Nein, ich glaube nicht, daß das eine gute Idee wäre. Ich bleibe lieber hier, liege in der Sonne und bin tot!«

Largo al Factotum

Als ich Franco Enriquez kennenlernte, war er gerade Intendant des Stadttheaters von Rom, des berühmten Teatro Argentina, geworden. Ich traf Franco nach einer Aufführung von Ödön von Horváths KASIMIR UND KAROLINE, die Franco mit seiner Frau Valeria Moriconi als Karoline inszeniert hatte. Ein paar Tage später besuchte ich ihn.

Er empfing mich in seinem Büro, das im alten Teil des Theaters lag, einem ehemaligen Kloster. Das Fenster des winzigen Raums, wohl eine ehemalige Mönchszelle, war gotisch und stammte aus dem 14. Jahrhundert: Ein deutscher Bischof hatte es aus seiner süddeutschen Heimat mitgebracht und einbauen lassen. Gegen das Heimweh, meinte Franco.

Später zeigte er mir das Theater. Auf der Bühne wurde gerade die Dekoration für Shakespeares DER WIDERSPENSTIGEN ZÄHMUNG aufgebaut, ebenfalls eine Inszenierung Francos mit Valeria als Katharina. Da stand ich nun zum ersten Mal auf diesen ehrwürdigen Brettern, auf denen 1816 Rossinis BARBIER VON SEVILLA uraufgeführt worden und – durchgefallen war. Ich stimmte die Auftrittsarie des Figaro: LARGO AL FACTOTUM DELLA CITTA'! an. Franco schmunzelte und sagte: »Warum machen wir nicht zusammen den FIGARO? – nicht die Oper, das Stück von Beaumarchais, den TOLLEN TAG! Das ist Deine Rolle!«

»Hier? Auf italienisch? Bitte nicht, das würde ich nie schaffen!«

»Dann eben in Deutschland.«

In den folgenden Tagen schmiedeten wir Pläne. Wir dachten an einen deutsch-italienischen Kulturaustausch. Wir würden unbekannte Stücke italienischer Autoren in Deutschland aufführen und umgekehrt deutsche Dramatiker in Italien bekannt machen. Ich hatte damals gerade Frank Wedekinds KAMMERSÄNGER ins Italienische übersetzt und war auch an einigen in Deutschland völlig unbekannten Pirandello-Stücken interessiert. Und dieser Austausch wäre auch auf andere Länder ausdehnbar. Wir gebrauchten das Wort europäisch, und da war DER TOLLE TAG mit einer in Spanien spielenden Geschichte von einem französischen Autor ein geeigneter Anfang.

Gesagt – getan. Ich rief Kurt Meisel an, damals Intendant des Münchner Residenztheaters. Der war Feuer und Flamme. Franco und ich flogen nach München. Meisel und seine Frau Uschi Lingen schlossen Franco gleich ins Herz, waren von seinem Charme, seiner Intelligenz und seiner weltmännischen Art begeistert.

Schon einige Monate später begannen die Proben. Als meine Partnerin in der Rolle der Susanne war Gaby Dohm – damals noch nicht Schwarzwaldklinik-berühmt –, erfrischend temperamentvoll, der fabelhafte Peter Mosbacher spielte den Grafen, Uschi Lingen die Gräfin. Direkt von der Otto-Falckenberg-Schule hatten Franco und ich uns den hochbegabten Jacques Breuer für die Rolle des Cherubin ausgeguckt, seine kleine Freundin Fanchette war eine entzückende, mollige Sissy Höfferer, bald schon Jacques' Frau im Leben, die sieben Jahre später, gar nicht mehr herzig, sondern fast hager, stark und intensiv meine Tochter in VIA MALA spielen sollte.

Der TOLLE TAG wurde gründlich bearbeitet, Liedertexte aus dem Original übersetzt. Es sollte eine revolutionäre Inszenierung werden, wie mit Franco schon in Rom geplant. Sie sollte enden wie eine historische Aufführung in Paris im Jahre 1792, als am Schluß des Stückes, nach dem Sieg Figaros über den Grafen, das draußen vor dem Theater versammelte Volk mit dem mitreißenden Revolutionssong AH, ÇA IRA' ÇA IRA' ÇA IRA', LES

ARISTOCRATES A LA LANTERNE ... das Theater gestürmt hatte.

Es wurde auch bis zur Generalprobe genauso gemacht, doch bei der Premiere war der Schluß ohne mein Wissen geändert worden. Graf und Gräfin wurden nicht, wie es inszeniert und folgerichtig war, von der Revolution hinweggefegt, sondern Franco ließ Graf und Gräfin am Schluß in inniger Umarmung ganz vorne seitlich an der Rampe stehen. Für ihn, Franco, war es ein kleiner Kompromiß, um dem eher konservativen Hausherren gefällig zu sein, für mich ein Verrat an unserem abgesprochenen Inszenierungskonzept.

Ich war sauer, aber schon bei der Premierenfeier im Hotel VIER JAHRESZEITEN merkte ich: Man konnte ihm einfach nicht böse sein, denn gegenüber seinen riesigen, vielseitigen privaten und beruflichen Schwierigkeiten, die ich mittlerweile kennengelernt hatte, war so ein kleiner Kompromiß eine Lappalie. In Rom, zum Beispiel, hatte er immer wieder Zores mit Valeria, denn obwohl sie nicht mehr zusammenlebten, konnten beide nicht aufeinander verzichten. Zur gleichen Zeit hatte er eine junge Freundin, die eines Tages schwanger war, ausgerechnet zur gleichen Zeit, als er sich in München in eine Schauspielerin »unsterblich« verliebt hatte. Dazu finanzielle Probleme, die er nicht ernst nahm, und italienische Steuerforderungen, um die er sich noch weniger scherte.

Obwohl DER TOLLE TAG ein ordentlicher Erfolg war und Franco später dank seiner Freundschaft mit Meisel und seines Charmes eine ganze Reihe von Inszenierungen am Residenztheater machte, gab es immer wieder Rückschläge und Katastrophen.

Aus unserem europäischen Kulturaustausch sollte nichts werden. Franco Enriquez verlor die Intendanz des Teatro Argentina. Ein Theaterdirektor darf nicht nur ein Künstler sein, wäre er auch noch so begabt. Der römische Rechnungshof wies dies schlagend nach. Man entdeckte ein ungeheures Loch im Haushalt des Theaters, Franco hatte keine Erklärung dafür. Er blieb heiter und ging.

Ein Jahr später bot mir das Teatro Giulia-Venezia in Triest die Rolle des Metzgers Oskar in Horváths GESCHICHTEN AUS DEM WIENERWALD an. Regisseur: Franco Enriquez. Merkwürdigerweise hatte mir Meisel fast gleichzeitig die gleiche Rolle am Residenztheater unter Dieter Giesings Regie angeboten. Ich schwankte lange. Auf der einen Seite ein bombensicherer Regisseur, und was die Gage betraf, konnten die Italiener nicht annähernd mithalten. Aber die Erinnerung an Otto Schenks unübertroffene Inszenierung an den Münchner Kammerspielen war noch zu lebendig – auf der anderen Seite ein liebenswürdiger, aber unsicherer Kantonist wie Franco und viele unbekannte Faktoren: erstmalig auf italienisch Theater zu spielen, und das mit mir völlig unbekannten Schauspielern (außer Valeria Moriconi). Würde die fehlende österreichische Sprachfärbung in der Übersetzung nicht ein zu großer Verlust sein?

Aber mich reizte das Neue, und ich entschied mich für Triest und Franco Enriquez. Seltsamerweise begannen die Proben immer erst um 18 Uhr und dauerten bis in die Nacht hinein, bis wir erfuhren, daß Franco Enriquez gleichzeitig im 80 km entfernten Udine mit einer Tourneetheater-Truppe Albees WER HAT ANGST VOR VIRGINIA WOOLF? probierte. Franco fuhr morgens nach Udine, hatte dort bis 3 oder 4 Uhr nachmittags Proben, fuhr mit dem Wagen nach Triest und begann, ohne sich eine Pause zu gönnen, mit uns zu probieren. Ich stellte Franco zur Rede, warf ihm nicht zum erstenmal vor, unseriös zu sein, doch er erklärte mir mit entwaffnender Chuzpe, daß diese gleichzeitige Arbeit an so verschiedenen Texten für ihn eine äußerst spannende Herausforderung und ein wunderbarer Ausgleich und Kräfteborn sei.

Ich konnte es nicht fassen. Doch das war noch nicht alles. Nach drei Wochen, mitten in der Probenzeit, verschwanden gleich alle beide: Valeria Moriconi, die die Trafikantin spielen sollte, und er, der Meister Franco. Sie tauchten in Genua wieder auf. Wir erfuhren aus der Zeitung, daß Franco an der dortigen Oper innerhalb von vier Tagen Honeggers JOHANNA AUF DEM SCHEITERHAUFEN mit Valeria in der Sprechrolle der Johanna inszeniert hatte. –

Wir probten inzwischen in Triest mit dem Regieassistenten weiter, und als Franco und Valeria nach einer Woche wieder auftauchten, ging alles weiter, als wäre nichts geschehen. Und da wir sprachlos waren, wurde nie wieder darüber gesprochen.

Eine von Francos Eigenheiten war es, einfach alle Rechnungen zu ignorieren oder zu vergessen. Das mochte ja privat noch angehen, aber Behörden haben es an sich, auf hartnäckige Säumer mit Zahlungsbefehlen, Pfändung und schließlich Haftandrohung zu reagieren. In den letzten Jahren hingen solche Bedrohungen wie ein ganzes Arsenal von Damoklesschwertern über ihm. Als er mit unversichertem Wagen über die Grenze wollte, wurde sein Fahrzeug konfisziert. Eines Tages traf es ihn dann selbst. Eine Steuerprüfung ergab nicht etwa da und dort lückenhafte Steuererklärungen, er hatte überhaupt noch nie eine solche abgegeben! Es kam zu einem Prozeß. Es war nur noch eine Frage der Länge der fälligen Haftstrafe. Doch Franco arbeitete weiter. Er inszenierte WEISSE NÄCHTE nach Dostojewski und spielte – was er sonst nie tat – die Hauptrolle selbst. Die Premiere ging erfolgreich über die Bühne, doch schon am nächsten Tag ließ Franco die Bombe platzen: er müsse in zwei Tagen eine mehrmonatige Gefängnisstrafe in Rebibbia bei Rom antreten. Während seine Freunde und Kollegen ratlos und enttäuscht reagierten, feierte Franco seinen Abschied von der Freiheit.

Am folgenden Morgen setzte er sich an die Spitze seines Ensembles und der ganzen Theaterbelegschaft und zog vor das Justizministerium. Während seine Truppe draußen lautstark gegen das Urteil protestierte, erzwang Franco, von seinem Anwalt begleitet, eine Unterredung mit dem Justizminister. Eine solche Haft würde in erster Linie doch sein ganzes Ensemble und die zahlreichen Techniker und Angestellten treffen. Das Theater müsse schließen, und die ganzen armen, unschuldigen Menschen würden arbeitslos:

»Was das den Staat kosten wird!« Er hatte sich seine Sache sehr gut ausgedacht und schaffte es tatsächlich. Er mußte zwar seine Gefängnisstrafe absitzen, durfte jedoch jeden Abend nach Rom hineinfahren, um seine Rolle zu spielen. Da es nach der Vorstellung in Rebibbia nichts mehr zu essen gab, durfte er anschließend auch noch zum Abendessen in ein Restaurant gehen, und spät in der Nacht landete er dann wieder in seiner Zelle.

Zuerst hatte ich das Schlimmste befürchtet. Schließlich war Franco ein hochsensibler Künstler. Würde er die Erniedrigung der Haft ertragen können? Daß er sich etwas antun könnte, schien mir nicht ausgeschlossen. Ich hatte mich wieder einmal in ihm getäuscht. Als ich eines Abends in die Vorstellung ging und ihn nachher in seiner Garderobe aufsuchte, traf ich auf einen gutgelaunten Franco in Hochform. Er hatte Gewicht verloren, und man sah wieder, daß er einen wunderschönen klassischen Römerkopf hatte. Wir saßen nachher zusammen beim Essen, und er erzählte mir einiges über sein Gefängnisleben.

»Schließlich bin ich ja nur mit einem Bein im Knast!« lachte er.

Ich kam aus dem Staunen nicht mehr heraus. Man hatte ihm eine helle, geräumige Zelle zugewiesen. Sein Zellengenosse begrüßte ihn respektvoll als Maestro, bot ihm gegen Zigaretten Putzdienst, Bettenmachen und Schuhputzen an, der Kalfaktor war auch gleich zur Stelle und gab ihm zu verstehen, daß es bei ihm gegen gutes Geld alles gäbe, was das Herz begehrt. Selbst Champagner und Kaviar. Franco lehnte ab. Er, der Gourmet, wollte keine Extrawurst gebraten haben. Auch als der Kalfaktor einen Zeigefinger seitlich gegen die Nase drückte, schniefte und augenzwinkernd flüsterte: »*Das* ist auch kein Problem hier drinnen!« winkte Franco ab. Er hätte nur einen Wunsch: Blumen. Immer frische Blumen in der Zelle. Das war selbst dem alten Kalfaktor noch nicht untergekommen: Blumen!

Am zweiten Tag wurde Franco von einem Wärter zum Gefängnisboß gerufen. Franco meinte zuerst, es handle sich um den Gefängnisdirektor, doch dann merkte er, daß er zum eigentlichen Chef gerufen worden war, Don Vito, einem berüchtigten Mafioso, ohne den im Gefängnis nichts lief. Der Wärter, der Franco in dessen Luxuszelle brachte, verbeugte sich tief vor Don Vito, und es fehlte nur noch, daß er ihm die Hand küßte. Alle Wärter lebten übrigens, anders als in amerikanischen Gangsterfilmen, in höllischer Angst vor den Gefangenen. Hier wurden sie wie der letzte Dreck behandelt, wurden schikaniert und beschimpft.

Don Vito begrüßte Franco wie einen Ehrengast, versicherte ihm, daß er unter seinem ganz persönlichen Schutz stehe. Auch wußte er schon genau über Franco Bescheid. Er fragte ihn, ob er in seiner Steuersache auch einen guten Anwalt habe, und als Franco den Namen des Anwalts nannte, sagte Don Vito:

»Der taugt nichts, Maestro! Ich werde Euch (er gebrauchte die sizilianische Höflichkeitsform) den besten besorgen, il migliore!«

Mit Hilfe dieses berüchtigten Anwalts hatte Franco auch das zweite Bein bald wieder aus dem Knast heraus.

Der Paparazzo

In den frühen sechziger Jahren, zur Zeit des sogenannten Dolce Vita, sprach mich auf der Via Veneto ein Fotograf an, den ich als einen der berüchtigsten Paparazzi kannte, ein allgegenwärtiger, rothaariger, zäher Foxterrier. Er hatte mich bisher ziemlich in Ruhe gelassen, von einer völlig erfundenen Love Story abgesehen, die er mir mit einem damals bekannten französischen Filmsternchen angedichtet hatte. Er hatte ein Foto geschossen, das mich neben der mir völlig Unbekannten an einem Zeitungsstand an der Via Veneto in dem Moment zeigte, als ich an ihrem Busen vorbei nach einer Zeitung griff, eine Geste, die durch den Blickwinkel der Aufnahme zweideutig ausgelegt werden konnte. Von mir damals zur Rede gestellt, hatte er sich entschuldigt und mir versprochen, das Unrecht irgendwann auf seine Art wiedergutzumachen.

Der günstige Augenblick für einen Scoop sei gekommen, verkündete er mir nun. »Übermorgen wirst du auf allen Titelseiten in der ganzen Welt zu sehen sein, wenn du nur das tust, was ich dir vorschlage!« Ich schaute wohl ungläubig drein und sagte: »Da müßte ich ja schon den Papst umbringen!« Er lachte und entwickelte mir seinen Plan:

»Wie du weißt, sind im Augenblick Liz Taylor und Richard Burton die am meisten publizierten Menschen der Welt, als Foto-Objekt jedenfalls gesuchter als dein Papst. Aber es ist nicht leicht, zu einem Foto der beiden zu kommen. Der CLEOPATRA-Drehort ist hermetisch abgeriegelt, und auch Vorstöße in das Hotel der beiden bringen wegen der zahlreichen Leibwächter bestenfalls blutige Nasen, aber keine Fotos. Meine Idee ist darum folgende: Heute abend findet die Premiere des neuen Visconti-Films statt. Hier ist eine Eintrittskarte fürs Kino ARCHIMEDE, 16. Reihe Mitte, du sitzt genau vor Liz Taylor und Richard Burton ...«

»Ach so«, sagte ich, »von ihnen machst du Fotos, und mich sieht man ganz zufällig im Vordergrund. Wo ist das Interesse, wenn mein Name nicht genannt wird?«

»Warte doch ab! Mein Plan kommt ja erst. Also: Sobald die Taylor und der Burton auf ihren Plätzen sitzen, wird ein Kollege von mir in deiner Sitzreihe auf sie zustürzen und wie wild fotografieren. Nun ist dieser Bursche eigentlich gar kein Fotograf, sondern ein Ex-Profiboxer und Stuntman. Wie wir alle Richard Burton kennen, wird der sich diesen vermeintlichen Paparazzo vorknöpfen wollen, um seine Cleopatra zu schützen. Und hier trittst du nun in Aktion. Ich weiß, daß du ja auch ein ganz guter Boxer bist. So wirst du, da du näher dran bist, dem Burton zuvorkommen. Mein Boxer und du, ihr beiden macht einen kurzen Schaukampf, mein Mann kennt dich, er hat mir nur gesagt, daß du nicht allzu fest zuschlagen sollst, wenn du ihn schließlich mit einem effektvollen Schwinger außer Gefecht setzt. Ich selbst«, fuhr der Paparazzo fort, »stehe mit meinem Tele-Objektiv in sicherer Entfernung und schieße: Klick-klick-klick, jede Menge Fotos von dir, mit der Taylor und dem Burton dahinter. Sieh nur zu, daß du mir während des Fights und gleich nachher dein Gesicht zugewandt hältst. Wenn du nämlich meinen ›Fotografen‹ niedergestreckt hast, wird sich Burton bei dir bedanken, er wird dich der Taylor vorstellen, und während der ganzen Zeit geht's bei mir: Klick-klick-klick, verstehst du? Ich habe die Fotos, suche die besten davon aus, so daß du wirklich als der große Held dastehst. Ich verkaufe sie dann an alle Blätter, national und international, die sich darauf stürzen werden, ich kenne meine Leute, und übermorgen ist der junge Schauspieler Mario Adorf in aller Munde, und das auf der ganzen Welt! Was hältst du davon?«

Ich sagte ihm, daß ich das für einen genialen Plan hielte, der zwar durchaus filmreif, aber nicht das

Richtige für mich sei. Ich gedächte als Schauspieler und nicht als Schläger Karriere zu machen.

Er versuchte, mich umzustimmen, und als er einsah, daß nichts zu machen war, stand für ihn fest, daß ich leider verrückt und blöde wäre. Andere würden Geld dafür bezahlen, wenn er ihnen eine solche Möglichkeit böte ... Ich glaubte ihm, daß er mit Leichtigkeit einen meiner jungen Kollegen als Komplizen für seinen genialen Plan finden würde, und wünschte ihm viel Glück.

Nicht ganz ohne Neugier kaufte ich am übernächsten Tag die einschlägigen Zeitungen. Es gab Fotos von der Premiere, aber kein einziges von Liz Taylor oder Richard Burton, geschweige denn von einem bis dahin unbekannten jungen Schauspieler und heldenhaften Retter – denn es stellte sich heraus, daß die beiden Weltstars zu der besagten Premiere gar nicht erschienen waren.

Ich habe Angst

Meran, 07. 12. 94

Gestern ist Gian Maria Volonté gestorben. Er war der charismatischste Schauspieler Italiens. Ich lernte ihn 1961, gleich bei meinem ersten Film in Italien, kennen: DER RITT AUF DEM TIGER. Er war damals fast noch unbekannt, war aber schon ein sehr selbstbewußter, politisch engagierter Schauspieler. Viele Jahre später, 1977, drehten wir unter Damiano Damianis Regie ICH HABE ANGST, einen Polit-Thriller, in dem Gian Maria einen Leibwächter, und ich einen korrupten Richter spielte.

Seit dem RITT AUF DEM TIGER waren sechzehn Jahre vergangen. Gian Maria war ein großer europäischer Star geworden. Diese Tatsache hatte jedoch nicht seine Ernsthaftigkeit, sein Engagement verändert. Damianis Film wurde in einer Zeit gedreht, als rechtsradikale Tendenzen durch geplante Komplotte der berüchtigten Freimaurerloge P 2 von sich reden machten. Volonté hatte aus seiner linken

Einstellung nie einen Hehl gemacht, obwohl ihm diese Festlegung oft geschadet hat.

Unser Wiedersehen nach so vielen Jahren verlief so wie unter alten Freunden, ohne große Worte. Während des Drehens wartete ich, oft und lange, wie dies zum Film gehört, in meinem Wohnwagen und sang zum Zeitvertreib, damals mit Vorliebe Mozartarien, denn ich hatte kurz vorher in München den Figaro in Beaumarchais' DER TOLLE TAG gespielt und gleichzeitig als Stimmtraining die Figaropartie aus der Mozartoper einstudiert.

Eines Tages öffnete sich die Tür des Wohnwagens. Gian Maria kletterte herein und machte mir dabei Zeichen, weiterzusingen. Er setzte sich und stimmte allmählich mit ein, und wir sangen, zuweilen mit verteilten Rollen. Kurz darauf kam Damiano dazu, den ich eigentlich eher als bärbeißig und verschlossen kannte. Doch auch er stimmte mit seinem Baß in unseren Gesang ein, wir vergaßen die Zeit, Mozart hatte zwischen uns ein heiteres Einverständnis hergestellt, das sich bisher bei unserer Arbeit nicht immer ergeben hatte, uns von nun an aber nicht mehr verlassen sollte. Wir sangen begeistert, von Arie zu Arie springend, bis ein zur Eile treibender Aufnahmeleiter unser Konzert unterbrach.

So hatte ich in den nächsten Jahren Gian Maria in Erinnerung behalten, als ich eines Tages von unserem gemeinsamen Agenten Fausto Ferzetti erfuhr, daß Volonté an einem Tumor in der Lunge erkrankt war. Er steckte mitten in den Dreharbeiten für Stendhals KARTAUSE VON PARMA mit dem Regisseur Mauro Bolognini. Gian Maria sollte ins Krankenhaus, um sich operieren zu lassen, doch er war plötzlich verschwunden. Man erfuhr, daß er sein Haus und sein Boot (er war ein begeisterter Segler) verkauft hatte.

Es war der 21. März 1980. Ich sollte mittags zur Oscar-Verleihung für DIE BLECHTROMMEL nach Los Angeles fliegen, mußte längere Zeit am Flughafen in Rom auf den Abflug warten und ging auf einen Drink in die American Bar. Als der Barmann mich sah, sagte er:

»Heute gibt's aber prominenten Betrieb. Gerade ist Claudia Cardinale hinausgegangen, und da drüben sitzt jemand, den Sie sicher kennen.« Ich sah mich suchend um und erkannte Gian Maria Volonté, der halb abgewandt auf einem niedrigen Hocker saß. Ich war überrascht, ihn hier zu sehen. Er hatte vorgestern die Dreharbeiten abgebrochen, und man suchte ihn überall. Ich ging zu ihm hinüber und sprach ihn an. Als er sich mir zuwandte, sah ich das sonst so markante Gesicht mit den graugrünen Augen und dem immer ein wenig spöttisch lächelnden Mund mit den schmalen Lippen völlig aufgelöst, die Wangen aufgedunsen, die Augen gerötet. Ich bedauerte schon, zu ihm hinübergegangen zu sein, denn er schaute mich kaum an und erwiderte meinen Gruß nur mit einem grimmigen Nicken. In das schwere Schweigen hinein sagte ich schließlich so locker wie möglich:

»Gian Maria, wo fliegst du denn hin?«

Er machte eine lange Pause und erwiderte dann:

»Ich fliege möglichst weit weg, auf eine Insel, um dort zu krepieren, so wie Jacques Brel.« Ich wußte nichts anderes zu tun, als mich stumm neben ihn zu setzen, um ihn nicht mehr anschauen zu müssen. Irgendwann sagte ich:

»Fausto hat es mir erzählt.«

Wieder schwiegen wir lange, bis ich ihn fragte:

»Warum bist du nicht in die Klinik gegangen?« Er lachte bitter auf:

»Weil ich mich nicht von den Scheißärzten massakrieren lassen will mit ihrem Scheißskalpell und ihren Scheißstrahlen! Ich will kein Krüppel sein, der sich nicht wehren kann, wenn sie einen an ihren Scheißapparaten künstlich am Leben erhalten!« –

Ich weiß nicht, wieso ich zu reden begann, obwohl es mir schwerfiel, denn ich war aufgewühlt und hilflos. Ich erzählte von der Tochter eines Freundes, meinem Patenkind:

»Als sie vier oder fünf Jahre alt war, litt sie an einem chronischen Husten. Schließlich entdeckten die Ärzte einen faustgroßen Tumor zwischen Lunge und Rückgrat. Sie wurde operiert. Das ist nun über zwölf Jahre her, das Mädchen ist heute sechzehn und sehr hübsch, und es geht ihr sehr gut. – Gian

Maria, an deiner Stelle würde ich nicht aufgeben und mich operieren lassen, es ist nicht unwahrscheinlich, daß der Tumor gutartig ist. Eine Strahlentherapie ist dann vielleicht nicht notwendig.«

Wir saßen lange da. Irgendwann stand er auf und verschwand mit einer gemurmelten Entschuldigung. Auf der Erde vor mir stand Gian Marias prall gefüllte Reisetasche. Aus einer der vielen kleinen Seitentaschen lugte ein Flugticket hervor. Ich dachte: ›Wenn ich draufschaue, weiß ich wenigstens, wo er hinfliegt.‹ Aber dann siegten die Skrupel: ›Wenn er sich irgendwo verstecken will, habe ich kein Recht, das zu wissen.‹

Gian Maria kam zurück, und wir saßen noch eine ganze Weile stumm da, bis mein Flug aufgerufen wurde. Ich stand auf und sagte:

»Gian Maria, ich muß los!« Er schaute hoch zu mir und nickte stumm. Ich hätte ihn so gerne umarmt, aber ich hatte Angst vor meiner eigenen Rührung. So legte ich nur meine Hand auf seine Schulter und sagte so etwas wie »Mach's gut!«. Dann ging ich schnell hinaus.

Als ich drei Wochen später wieder in Rom ankam, rief ich gleich vom Flughafen aus meinen Agenten Fausto Ferzetti an. »Weißt du was von Gian Maria?« fragte ich ihn und hörte zu meinem Erstaunen:

»Der dreht wieder mit Bolognini!« Und ich erfuhr, daß Volonté einen Tag nach meiner Abreise, am 22. März, in einer römischen Klinik operiert worden war. Man hatte einen Lungenflügel entfernen müssen. Schon zehn Tage danach war er wieder auf den Beinen...

Etwa ein Jahr darauf sah ich ihn auf der Beerdigung seines Ziehvaters. Als ich aus dem Taxi stieg, erkannte ich ihn von weitem an seiner eindrucksvollen, frühzeitig weißen Mähne, und ich wollte auf ihn zugehen. Er stand alleine da, eine Zigarette rauchend. – Er hatte also wieder zu rauchen begonnen! – Als er mich kommen sah, wandte er sich ab, als wolle er mich nicht sehen. Ich drehte ab und tat meinerseits, als hätte ich ihn nicht gesehen.

Das Orakel

Mit dem deutsch-amerikanischen Regisseur Robert Siodmak hatte ich 1957 den Film NACHTS, WENN DER TEUFEL KAM gedreht, dann 1960 noch einmal eine kleine Szene in DER SCHULFREUND, später trafen wir uns immer wieder einmal in Ascona, wo er lebte, in Rom oder Paris. Ich mochte Siodmaks Frau Babs sehr gern. Sie war witzig, temperamentvoll und hatte privat ihren Robert, der am Filmset eher gefürchtet war, gut im Griff. Ich höre immer noch ihr lautes, vorwurfsvolles »Robert!«, das unfehlbar immer dann ertönte, wenn auf dem Tisch ein Glas umkippte, eine Tür heftig ins Schloß fiel oder sich eine noch fernere Katastrophe lautstark ereignete.

Babs sprach das »Robert« nicht etwa amerikanisch aus wie Ròbbät, sondern mit einem langen deutschen »O« wie in Rohling, und so klang es auch. Dann blieb Siodmak stumm, hob mit einer resignierten Unschuldsgeste die Hände, schaute mit seinen schwarzen, runden, durch die dicke Brille noch vergrößerten Augen in die Runde, und sein leidgeprüfter Blick drückte soviel aus wie: »Was soll man da noch sagen?«

Wir hatten uns eines Tages wieder einmal zufällig in Paris getroffen, im Hotel Lancaster, das damals sehr á la mode war. Wir hatten in einem Bistro in St. Germain zu Abend gegessen und flanierten anschließend, es war eine warme Sommernacht, noch am Seineufer entlang. Vor uns lag, bläulich angestrahlt, die Kathedrale von Notre Dame. Wir standen, die Ellbogen auf die Kaimauer gelehnt, und genossen den Anblick, als plötzlich – es war wohl gerade Mitternacht – auf einen Schlag die Beleuchtung der Kathedrale erlosch. Und pünktlich erscholl Babs Siodmaks vorwurfsvolle Stimme: »Rooobert!«

Bei Tisch hatte mir Siodmak eine Geschichte über Ödön von Horváth, den Autor der GESCHICHTEN AUS DEM WIENERWALD, erzählt: Horváth hatte gleich nach Hitlers Machtergreifung seine Wahlheimat Berlin verlassen, war nach Wien zurückgekehrt. Als Hitler im März 1938 Österreich dem Deutschen Reich einverleibte, war Horváth in der gleichen Nacht von Wien nach Budapest geflohen. Er war dann nach Holland gefahren, wo er einen Verleger für sein neues Buch JUGEND

OHNE GOTT treffen sollte. Seine finanzielle Lage war prekär. Seine Stücke durften nicht mehr aufgeführt werden, die Zeitungen, für die er geschrieben hatte, druckten seine Artikel nicht mehr, und seine Freunde waren in aller Welt verstreut.

Eines Abends irrte er durch die Altstadt von Amsterdam. Plötzlich sprach ihn eine Frau an. Eine Prostituierte? Das Licht einer Straßenlaterne fiel auf ihr zerstörtes, grell geschminktes Gesicht. Eine alte Frau, die vielleicht in jüngeren Jahren diesem Gewerbe nachgegangen sein mochte, dachte er. Sie schlug vor, ihm seine Zukunft vorauszusagen. Er lehnte müde ab, nicht einmal dafür habe er Geld. Sie ließ aber nicht ab, redete weiter auf ihn ein, schließlich ging er mit ihr. Doch sie holte weder Karten hervor noch ein Pendel oder eine Glaskugel. Sie hielt ihm einen Nachttopf hin und sagte:

»Hier, ich brauche etwas von dir, dann lese ich dir deine Zukunft aus deinem eigenen Leib!« War es Neugier, war es Verzweiflung, Horváth tat, was die Frau von ihm verlangte.

Sie hatte ein Rauchstäbchen angezündet, eine Brille aufgesetzt und begann:

»Ich sehe eine Reise, nein, keine Schiffsreise, es ist nicht sehr weit, aber ich sehe eine sehr große Stadt, es gibt da einen hohen Kirchturm, nein, es ist keine Kirche, es ist ein eiserner Turm ... «

»Der Eiffelturm«, murmelte Horváth gebannt.

»Ja«, sagte die Frau, »Paris! Ich sehe dich in Paris, sehr bald.« Sie machte eine Pause und wirkte auf einmal sehr alt und müde. »Eine Sibylle«, dachte Horváth, denn die Alte fuhr fort, und es klang wie ein uraltes Orakel, als sie sagte:

»Geh nach Paris! Nach Paris, dein Schicksal wartet dort auf dich, das entscheidende Ereignis deines Lebens. Du wirst bald sehr berühmt werden! Bleibe aber nur fünf Tage, denn es könnte ein Unfall passieren ...«

Horváths Herz klopfte: Paris, ja, er sah sich in Paris, das wäre für ihn die Stadt nicht nur zum Leben, sondern auch zum Schreiben, wie es vor der Nazizeit Berlin gewesen war!

Die Weissagung beschäftigte Horváth tagelang. Er wartete auf ein Zeichen. Aber nichts geschah. Als er einige Tage später in seinen Papieren kramte, fiel ihm ein alter Brief in die Hände.

»Es war mein Brief«, sagte Siodmak, »den ich Horváth über ein Jahr vorher geschrieben hatte. Damals hatte ich gerade seinen Roman DAS ZEITALTER DER FISCHE gelesen, ein Antinazi-Stoff, zu dem ich ihn beglückwünscht hatte. Ich hätte gerne einen Film daraus gemacht, aber das Projekt war nicht auf die Beine gekommen.«

Jedenfalls hätte er Horváth aus den Augen verloren, was in jenen Zeiten, als es die Emigranten in aller Welt herumtrieb, häufig geschah.

Für Horváth war schon die Tatsache, daß der

Brief aus Paris gekommen war, ein Wink des Schicksals. In dem Brief fand er Siodmaks Pariser Telefonnummer. Sollte sie noch gültig sein, dann wäre dies das ersehnte Zeichen! Er ging zur Post und rief an. Es meldete sich Babs Siodmak. Sie war hoch erfreut und sagte, das müsse Gedankenübertragung sein, noch gestern habe Robert, ihr Mann, mit seinem Produzenten über ihn gesprochen. Dann rief sie ihr »Robert!«, der kam ans Telefon und lud Horváth ein, gleich nach Paris zu kommen. Es ginge zwar nicht mehr um seinen Roman, wenn man auch darüber reden werde, sondern erst einmal um das Drehbuch für einen Kostümfilm, leider, aber in Zeiten wie diesen müsse man auch schon mal mit der Wurst nach der Speckseite werfen. Horváth war nicht enttäuscht, im Gegenteil, er war Feuer und Flamme. Schon vier Tage später traf er mit dem Zug in der Seine-Stadt ein. Er zog in ein kleines Hotel in St. Germain-des-Prés und war glücklich, zum ersten Mal nach langer Zeit. Am zweiten Tag durchquerte er Paris zu Fuß und klingelte an Siodmaks Tür im siebten Stock der kleinen Wohnung in Passy. Als Siodmak öffnete, stand draußen der schweratmende Horváth.

»Warum um Gottes willen haben Sie nicht den Lift genommen?« fragte Siodmak. Er wußte noch nicht von Horváths Phobien, daß der nie einen Lift, ein Auto oder gar ein Flugzeug bestieg.

Die Siodmaks und Horváth wurden schnell Freunde, besonders Babs mit ihren esoterischen Neigungen hatte einen interessanten Gesprächspartner gefunden, und wenn Robert keine Zeit hatte, zeigte sie ihm, der Paris kaum kannte, die Sehenswürdigkeiten der Weltstadt.

Doch Horváth wurde bald müde und seltsam nervös. Er drängte auf den geschäftlichen Abschluß, denn er müsse, sagte er, Paris leider verlassen. Als Babs ihn überreden wollte zu bleiben, er würde doch Arbeit haben, man könne sicher eine kleine Wohnung für ihn finden, erzählte Horváth ihr schließlich von jenem merkwürdigen Orakel in Holland.

An Horváths fünftem Tag in Paris fand ein Mittagessen in einem Bistro in der Rue Marbeuf statt. Da waren die Siodmaks, der Produzent Deutschmeister, der Filmarchitekt Alexandre Trauner und andere Filmleute. Man sprach über den Plan, die Geschichte von Cyrano de Bergerac in Anlehnung an Rostands Theaterstück zu einem Film zu machen, für den Horváth das Drehbuch schreiben sollte. Horváth kannte das Stück sehr gut, fand allerdings, daß die Geschichte sich doch sehr vom Theaterstück entfernte, vor allem der Schluß sollte geändert werden: Es sollte ein Happy-End mit Roxanne geben, ohne den hinterhältigen Mord an Cyrano durch einen herabgeworfenen Balken. Nach dem Kaffee hatte Deutschmeister gezahlt, die Gesellschaft trat wohlgelaunt auf die Straße hinaus.

Es war ein schöner, warmer Frühsommertag, jener 1. Juni 1938, man spazierte hinüber zu den Champs Elysées. Im Filmtheater Marignan lief der Walt-Disney-Film SCHNEEWITTCHEN, den Horváth sich gerne anschauen wollte. Obwohl Babs den Film schon gesehen hatte, kam sie mit. Danach kam Siodmak dazu, sie saßen noch lange im Café de Marignan. Als es dämmerte, schlug Siodmak Horváth vor, ihn mit dem Wagen nach St. Germain zu bringen.

Aber Horváth lehnte wie immer ab, im Auto zu fahren. Er wolle noch ein wenig laufen und an der Place de la Concorde die Metro nehmen. So verabschiedeten sie sich. Horváh würde am nächsten Morgen Paris verlassen und sich an die Arbeit am CYRANO-Drehbuch machen. Siodmak versuchte noch einmal, ihn zu überreden, doch in Paris zu bleiben. So könne man doch vieles direkter besprechen. Aber Horváth war nicht umzustimmen, er hätte eigentlich schon heute, an seinem fünften Tag, Paris wieder verlassen wollen. Er bedankte sich bei den Siodmaks für alles, zündete die teure Zigarre an, die Robert ihm geschenkt hatte und ging, noch einmal zurückwinkend, langsam die Champs Elysées hinunter.

Robert und Babs fuhren wenig später nach Hause und unterhielten sich gerade noch über Horváth, als das Telefon im Flur klingelte. Es war die Polizei, die fragte, ob sie einen gewissen Monsieur von Horváth kennen würden, es hätte einen Unfall gegeben. – Sie fuhren ins Krankenhaus, aber Horváth war schon tot. –

Was hatte sich ereignet? In der Nähe des Rond Point des Champs Elysées war ein großer Baum, eine Ulme, umgefallen. Horváth lief nicht, wie einige andere Passanten, davon. Er rührte sich nicht, als der Baum mit anschwellendem Rauschen auf ihn herabstürzte...

Es waren in den vergangenen Jahrzehnten verschiedene Versionen über Horváths Tod im Umlauf. Am hartnäckigsten hält sich diejenige, die auch Carl Zuckmayer in seinem Buch ALS WÄR'S EIN STÜCK VON MIR beschreibt. Danach hätte nämlich während eines Gewitters ein Blitz in eine Ulme eingeschlagen und hätte einen dicken Ast abgerissen, der Horváth am Kopf getroffen und getötet hätte...

Ich halte mich hier jedoch an Siodmaks Lesart. Schließlich waren er und seine Frau die letzten Zeugen, die Horváth unmittelbar vorher lebend gesehen hatten. Siodmak hat mir gegenüber Stein und Bein geschworen, daß an jenem schönen, warmen Abend des 1. Juni kein Lüftchen geweht und es auch kein Gewitter mit Blitz und Donnerschlag gegeben hätte. Auch wäre der Baum nicht im geringsten morsch gewesen. Das hätte man festgestellt.

Bei Horváths Begräbnis hingegen, darüber herrscht kein Zweifel, hat es in Paris in Strömen geregnet.

J.M.G. Le Clézio
Fliehender Stern
Roman
350 Seiten
btb 72259

Aus Freude am Lesen

J.M.G. Le Clézio

Zwei junge Mädchen begegnen sich 1948 auf einer Straße nach Jerusalem. Esther, die junge Jüdin, darf nach Israel einwandern, während Nejma, die Palästinenserin, daraus vertrieben wird. Sie werden sich nie wiedersehen, aber beide werden sich ein Leben lang schwesterlich verbunden fühlen, geeint durch die Erfahrung der Vertreibung und ihren Traum von Frieden.
»Ein Buch über die Magie menschlicher Begegnungen.«
Süddeutsche Zeitung

J.M.G. Le Clézio
Onitsha
256 Seiten
btb 72094

Aus Freude am Lesen

Das Schlagen der Trommeln in der Nacht, wilde tropische Gewitter und abenteuerliche Fahrten mit der Piroge auf dem gewaltigen Strom - Fintan Allen wird seine Kindheit in Afrika nie vergessen. Immer tiefer taucht der Junge in das archaische afrikanische Leben ein, während sein Vater wie besessen nach den Spuren der mythischen Stadt Meröe sucht...